Knaur

Von E. Gambsch sind außerdem erschienen:

»Die 300 besten Ärzte-Witze« (Band 2768)
»Die 300 besten Polizisten-Witze« (Band 2769)
»Die 300 besten Beamten-Witze« (Band 2770)
»Die 300 besten Psychiater-Witze« (Band 2771)
»Die 300 besten Ehe-Witze« (Band 2772)
»Die 300 besten Männer-Witze« (Band 2779)
»Die 300 besten Büro-Witze« (Band 2782)
»Die 300 besten Autofahrer-Witze« (Band 2783)

Originalausgabe Juli 1990

Umschlaggestaltung Dietmar Grosse
Satz IBV Satz- und Datentechnik GmbH, Berlin
Druck und Bindung Ebner Ulm
Printed in Germany 5 4 3 2 1
ISBN 3-426-02781-X

E. Gambsch (Hrsg.):
Die 300 besten Horror-Witze

Mit Karikaturen von Dietmar Grosse

Knaur

Inhalt

»Haben Sie's schon mal mit Gift versucht?«

oder

Seid nett zueinander

Der Fallschirm öffnet sich nicht, der Springer stürzt aus zweitausend Meter Höhe wie ein Stein zur Erde.
»Hat der ein Glück gehabt!« sagt der Bauer zu seinem Knecht. »Zehn Meter weiter, und er wär' in meine Sense gefallen.«

*

Bossler steht nach der Beerdigung noch lange am Grab seiner Frau.
Plötzlich schiebt sich eine Hand durch das Erdreich, und eine vertraute Stimme ruft: »Hilfe, ich bin lebendig begraben worden!«
Seelenruhig tritt Bossler den Boden wieder fest und zischt: »Aber nicht besonders gut.«

*

Beim Skatspiel sinkt ein Mann, vom Schlag getroffen, tot vom Stuhl. Sofort greift sein Nachbar nach seinen Karten.
»Bin doch mal neugierig«, meint er, »wie viele Asse der noch hatte!«

*

Ein Mann besucht seinen sterbenden Freund.
»Ich leide Höllenqualen«, ächzt der Todkranke und wirft sich auf seinem Lager herum.
»Jetzt schon?« fragt der Freund.

*

Der Ertrinkende schreit mit letzter Kraft um Hilfe.
Ein Angler, der am Ufer sitzt, ruft ihm bedauernd zu: »Tut mir leid, aber ich habe schon eine Lebensrettungsmedaille!«

Ein wohlhabender Mann möchte sich ein Sommerhaus kaufen und findet auch bald etwas Passendes an einem schönen See. Besorgt erkundigt er sich nun beim Verkäufer, einem Bauern, nach der Mückenplage.
»Ach, das ist nicht so schlimm«, sagt der Bauer leichthin. »Machen Sie es halt so wie wir. Wir schieben unsere alte Großmutter vor die Tür, schmieren ihr Gesicht mit Honig ein, und dann gehen die Mücken alle an sie.«
»Um Gottes willen«, entsetzt sich der Käufer. »Da muß sie sich ja blutig kratzen.«
»Das kann sie nicht«, widerspricht der Bauer. »Sie ist ja gelähmt.«

Es fragte der Quizmaster:

»Kennen Sie den Unterschied zwischen einer Zigarre und einer Schwiegermutter? – Bei einer Zigarre sind die ersten Züge die besten, bei der Schwiegermutter die letzten!«

Zwei grimmig aussehende Männer legen einen gefesselten und geknebelten Mann auf das Bahngleis. Eine alte Frau schaut interessiert zu.
Schließlich sagt sie achselzuckend: »Mich geht's ja nichts an, aber auf dieser Strecke kommt kein Zug. Das Gleis ist schon seit zwei Jahren stillgelegt.«

*

»Gestern habe ich einen Brief aus Amerika bekommen«, erzählt Lehmann.
»Was steht denn drin?«
»Daß mein Onkel gestorben ist.«
»Na, endlich ein Lebenszeichen von ihm.«

Ein Reisebus mit Negern nähert sich langsam der deutsch-österreichischen Grenze. Ein Tiroler Zöllner öffnet die Tür. »Hoppla«, ruft er, »hat's hier gebrannt?«

*

»Um Gottes willen, was machen Sie denn da?«
»Aufhängen tu' ich mich.«
»Da müssen Sie doch den Strick um den Hals legen und nicht um den Bauch!«
»Das habe ich schon versucht, aber da kriege ich keine Luft mehr.«

Es erzählte der Mann an der Theke:

»Gestern komme ich nach Hause, liegt meine Frau tot auf dem Bett. Mache ich den Kühlschrank auf – kein Bier drin. War ich schon wieder sauer.«

Ein Überland-Omnibus fährt nach einer Haltestelle ziemlich ruckhaft an. Gleich darauf ertönt die Stimme eines Mitfahrers. »Hallo, Fahrer, halten Sie an. Schauen Sie mal, da ist ein Mann rausgefallen!«
Der Fahrer beugt sich hinaus, dann sagt er: »Ist nicht so schlimm. Der hat schon bezahlt.«

*

Ein Mann läuft keuchend am Flußufer entlang und ruft einem Angler zu: »Haben Sie vielleicht eine Frau in einem grünen Kleid vorbeikommen sehen?«
»Ja, vor etwa fünf Minuten«, bestätigt der Angler.
»Gut«, meint der Mann erleichtert, »dann kann sie noch nicht weit sein.«
»Aber ganz im Gegenteil, die Strömung ist heute besonders stark.«

Ein Schotte macht mit seiner Frau eine Seereise. Das Schiff gerät in einen Sturm und läuft auf einen Felsen auf. Alle anderen ertrinken, nur der Schotte wird gerettet.
Nach einem Jahr bekommt er ein Telegramm: *Leiche Ihrer Frau mit Austern und Muscheln bedeckt geborgen.*
Umgehend telegrafiert er zurück: *Muscheln und Austern verkaufen, Köder wieder auslegen!*

Es sagte der Stammtischbruder:

»Stell dir vor, unser Wellensittich hat Benzin gesoffen, flog dreimal durchs Zimmer und stürzte zu Boden.«
»Tot?«
»Nein, kein Benzin mehr!«

Der Arzt sitzt am Sterbebett und sagt mit sorgenvoller Miene zu dem Ehemann: »Ihre Frau gefällt mir gar nicht.«
Der Ehemann nickt zustimmend. »Mir auch nicht, aber es wird ja nicht mehr lange dauern, oder?«

*

Auf dem Waldfriedhof macht sich eine alte Frau an einem Grab zu schaffen. Ein älterer Herr bleibt am Weg stehen.
»Sie haben da aber ein schönes Grab!« meint er anerkennend.
»Ja, wissen s'«, sie richtet sich auf, »ich bin jetzt sechsundachtzig Jahr, und seit vor zwanzig Jahren mein Mann gestorben ist, ist das Grab meine einzige Freude. Wenn's nur nicht so kalt wär'. Mich friert so, ich glaub', ich fahr' jetzt mit der Straßenbahn heim.«
»So«, überlegt der Betrachter mitfühlend, »sechsundachtzig Jahre sind Sie alt, und frieren tun Sie bei dem schönen Wetter, und mit der Straßenbahn wollen Sie heimfahren... Glauben Sie denn, daß sich das noch rentiert?«

JETZT HÖREN WIR ES WENIGSTENS, WENN'S HANNERL AUS DEM BETT FÄLLT.

Ein Ehepaar macht eine Kreuzfahrt. Sie sind erst einen Tag auf dem Meer, da fällt die Frau über Bord.
»Hilfe!« schreit sie. »Hilfe!« Dann versinkt sie.
Kopfschüttelnd steht der Mann an der Reling. »Inkonsequent, die Frauen«, sagt er.
»Wieso?« fragt der herbeigelaufene Kapitän.
»Eigentlich wollte sie sich verbrennen lassen.«

Es fragte der Butler:

»Sir, haben Sie heute in der ›Times‹ gelesen, daß ein Mann seine Frau mit dem Golfschläger umgebracht hat?«
»Sehr interessant. Wie viele Schläge hat er denn gebraucht?«

Fortbildungslehrgang für Schrankenwärter.
»Was tun Sie, wenn sich auf einer eingleisigen Strecke zwei Züge entgegenfahren?« fragt der Ausbilder.
Antwort des Kandidaten: »Ich laufe ganz schnell nach Hause und hole meinen Schwager. Der hat so einen Bums auch noch nie gesehen.«

*

Ein Großwildjäger bekommt Besuch. Stolz zeigt der Hausherr die zahllosen Jagdtrophäen an den Wänden.
»Sagen Sie mal, da hängt ja sogar der Kopf von einer Frau – und die lacht auch noch!« entsetzt sich einer der Besucher.
»Ja, ja, das ist meine Schwiegermutter«, bestätigt der Hausherr. »Bis zum letzten Moment hat sie geglaubt, sie wird fotografiert.«

Unfall in Alabama. Auf einem Zebrastreifen überfährt ein Weißer einen Neger.
Bei der anschließenden Protokollaufnahme fragt der Sheriff den Todesfahrer: »Wieviel, schätzen Sie, hatte der Mann ungefähr drauf, als er Ihr Auto rammte?«

Es warb die Versicherung:

Vorgestern versicherten wir einen Ehemann, gestern brach er sich das Genick, heute zahlen wir seiner Witwe hunderttausend Mark aus. Handeln Sie schnell, schon morgen kann Ihre Frau die Glückliche sein!

Ein Vater steigt mit seinem Sohn in ein Segelflugzeug, um einen Rundflug zu machen.
»Wenn Sie es durchhalten, kein Wort zu sagen, während wir oben sind«, verspricht der Pilot, »ist der Flug kostenlos.«
Nach einer Flugstunde mit vielen akrobatischen Leistungen des Piloten setzen sie zur Landung an.
»Meine Hochachtung«, sagt der Pilot, »Sie können wirklich schweigen, mein Herr.«
»Es ist mir allerdings nicht leichtgefallen«, bekennt der Vater, »besonders, als beim letzten Looping mein Sohn hinausfiel.«

*

Mit der Ehefrau geht es zu Ende. Es ist schon spätabends.
»Mein Lieber«, röchelt sie ihrem am Bett sitzenden Mann zu. »Mach das Licht an, ich sterbe...«
»Psst, sei still«, sagt er. »Das geht auch im Dunkeln.«

Hans trifft seinen Freund Paul.
»Weißt du schon, wer gestorben ist?« fragt er ihn.
Meint Paul: »Mir ist jeder recht!«

*

In der New Yorker U-Bahn sitzt ein Neger. Er liest Zeitung – die ›Jüdische Post‹.
Ein Weißer kommt auf ihn zu, tippt ihm auf die Schulter. »Sagen Sie mal – Neger allein genügt Ihnen wohl nicht?«

*

Das ältere Ehepaar sitzt spätabends auf dem Balkon und starrt melancholisch auf den gegenüberliegenden Friedhof.
Seufzt sie: »Wenn ich an unsere Tochter denke, die da drüben unter den Bäumen liegt, möchte ich weinen.«
»Ja, ja.« Ihr Mann nickt mit düsterem Gesicht. »Manchmal wünschte ich mir, sie wäre tot.«

Es rief die junge Mutter:

»Aber, Alfred! Das ist doch nicht unser Baby!«
»Halt bloß den Mund. Das war ein guter Tausch!«

Der Ehemann liegt im Sterben. Er weiß das.
»Hilde, komm jetzt zu mir«, bittet er.
»Bloß nicht!« ruft sie aus dem Nebenzimmer. »Du weißt doch, mein Schatz, daß ich keine Sterbenden sehen kann!«

Vier deutsche Touristinnen sitzen in Afrika am Rand des Urwaldes auf einer Terrasse und trinken Tee. Lautlos schwingt sich plötzlich ein Gorilla aus dem Baumgewirr, greift aus ihrer Mitte eine der Damen und verschwindet mit ihr ebenso schnell, wie er gekommen ist.
In die lähmende Stille sagt mit einemmal eine der Damen: »Ich möchte bloß wissen, was er ausgerechnet an der findet!«

*

Der Ehemann erwischt seine Frau mit einem Liebhaber. Voller Wut schmeißt er den Kerl aus dem Fenster.
Als er wegen Totschlags vor Gericht steht, wundert er sich: »Ich dachte, wer vögeln kann, der kann auch fliegen.«

*

Der Verurteilte wird in die Haftanstalt überführt. Der Aufseher nimmt ihn in Empfang und will ihn trösten:
»Nun sitzen Sie erst mal in aller Ruhe Ihr ›Lebenslänglich‹ ab, dann werden wir weitersehen!«

*

In Alabama liegt ein toter Neger auf der Straße. Der Sheriff untersucht die Leiche, findet zweiundzwanzig Einschußlöcher und sagt:
»Verdammt, so einen furchtbaren Selbstmord habe ich noch nie gesehen!«

*

Tante Olga war schon immer eine eingebildete Kranke. Als es ihr wieder einmal schlechtgeht, telegrafiert sie ihrem Neffen: *Liege im Sterben, bitte sofort kommen.*
Telegrafiert der Neffe zurück: *Liege auch im Sterben. Treffen uns drüben.*

Von zwei Holzfällern wird einer von einem Baum erschlagen. Einige Monate später begegnen sich die Frauen der beiden. Die Witwe sieht blühend aus.
»Mir geht es ganz gut«, meint sie. »Außer der Rente habe ich noch fünfzigtausend Mark aus der Unfallversicherung bekommen.«
»Und dieser Idiot von meinem Mann ist genauso versichert und springt im letzten Moment zur Seite!« erbost sich die andere.

*

Meiers sind an der See. Frau Meier bemerkt, daß ihr Sohn zu weit hinausschwimmt, und ruft ihn zurück.
Der Junge ist beleidigt und mault: »Sieh mal den Vati, der schwimmt noch viel weiter draußen.«
Darauf sagt die liebevolle Mutter: »Das ist etwas ganz anderes. Vati hat eine Lebensversicherung.«

*

Am Stammtisch werden die Statuten und Bedingungen für den Jägerklub besprochen.
»Ich schlage vor«, meldet sich Bachhuber, »wer bei der Jagd ein Vereinsmitglied erschießt, ist verpflichtet, dessen Witwe zu heiraten.«

*

Erwin fragt Otto, der gerade bei der Bundeswehr dient, was sie in ihrer Freizeit machen.
»Wir stellen uns zu zehn Mann im Kreis auf«, sagt Otto, »und werfen uns eine Eierhandgranate zu.«
»Und was ist mit dem, bei dem die Granate explodiert?« erkundigt sich Erwin.
»Der scheidet aus.«

ABER WIESO BIST DU ÜBER DIE FLASCHE GEFAHREN?
MEIN MANN HATTE SIE IN DER JACKE.
5
Gr.

Der Todkranke erwacht aus dem Koma und öffnet langsam die Augen. Als erstes sieht er, wie seine Frau sich vorsichtig aus einem traumhaften schwarzen Spitzenkleid schält.
Mit bösen Blicken hält sie ihm vor: »Verdammt, bei dir kann man sich aber auch auf nichts verlassen!«

*

Der Besitzer einer amerikanischen Fleischkonservenfabrik sieht sich im Urlaub in Spanien einen Stierkampf an.
»Sehr schön«, meint er nach einer Weile, »aber umständlich. Wir machen das längst mit Maschinen.«

*

Gottesdienst in Laramie. Der Pfarrer spricht über Nächstenliebe. »Man sollte also seinen Mitmenschen gegenüber ruhig auch mal ein Auge zudrücken«, beendet er seine Ausführungen.
»Aber selbstverständlich«, stimmt der Sheriff zu, »schon damit man besser zielen kann.«

*

Die Beerdigung ist vorbei. Der Totengräber beginnt, das Grab zuzuschaufeln. Da bewegt sich die Erde, der Deckel hebt sich, der vermeintliche Tote steht auf und ruft voller Empörung: »Ihr seid wohl verrückt, ihr könnt mich doch nicht begraben!«
Der Totengräber schaut ins Grab, klopft dem aufgeregten Beerdigten auf die Schulter und sagt streng: »Hören Sie, Mann, legen Sie sich mal schön wieder hin, bei mir kommen Sie mit diesem Unfug nicht durch.«

»Frau Meier!« ruft ein Arbeiter vor der Tür des Einfamilienhauses, nachdem er ein paarmal geklingelt hat. »Ihr kleiner Junge ist eben von der Dampfwalze überfahren worden.«
»Ich kann jetzt nicht aufmachen«, verkündet die Mutter, »ich sitze gerade in der Badewanne, aber schieben Sie ihn ruhig unter der Tür durch.«

Es klagte der Mann an der Bar:

»Ich hab' vielleicht 'ne Pechsträhne!«
»Wieso denn das?«
»Am Donnerstag ist meine Frau gestorben und heute morgen ist mir eine volle Flasche Schnaps aus der Hand gefallen und zerbrochen!«

Zwei Bauern wandern die Landstraße entlang. Plötzlich finden sie einen menschlichen Arm. Sie schauen sich an und gehen wortlos weiter. Nach einiger Zeit finden sie einen zweiten Arm, sehen sich wieder bedeutungsschwer an und gehen weiter. Kurz darauf finden sie ein Bein, dann das zweite und endlich den Rumpf. Wortlos suchen sie weiter nach dem Kopf.
Endlich finden sie ihn. Da sagt der eine: »Das ist der Angermaier Rolf.«
»Schaut so aus«, bestätigt der zweite.
Grübelt der erste: »Es wird ihm doch nix passiert sein?«

*

Sie und er im Supermarkt. Nachdem sie an der Kasse bezahlt haben und ihre Einkäufe verstauen, sagt sie zu ihm: »Trag das Kind, ich nehme die Eier – du läßt sowieso immer alles fallen!«

Während der Jagd entsteht plötzlich ein Tumult.
»Sie Trottel!« schreit einer der Jäger. »Sind Sie denn blind? Sie haben meine Frau erschossen!«
»Tut mir leid«, sagt zerknirscht der Sünder. »Da drüben steht meine. Bitte revanchieren Sie sich.«

*

In Boston schlägt mitten in der Nacht jemand krachend an die Haustür. Fred steht auf, öffnet das Schlafzimmerfenster und ruft hinunter: »Wer ist denn da?«
Eine Stimme antwortet: »Der Würger von Boston!«
Dreht sich Fred zu seiner Frau um und sagt: »Liebling, da ist jemand für dich!«

*

Ein Mann ist gestorben, der in seinem Leben sehr faul gewesen war.
»Bestattung oder Einäscherung?« fragte der Bestattungsunternehmer die Witwe.
»Verbrennung«, sagt die Witwe kühl, »und schicken Sie mir die Asche ins Haus.«
Als sie die Urne mit der Asche ihres Mannes erhält, öffnet sie diese, schüttet den Inhalt in eine riesige Eieruhr und sagt: »Jetzt, mein Lieber, wird gearbeitet.«

»Mit dritten Zähnen beißt man am besten ins Gras!«

oder

Wie das Leben so spielt

Aufgeregt läuft der Apotheker einem Kunden nach. Endlich hat er ihn eingeholt.
»Sagen Sie, haben Sie nicht eben bei mir ein Medikament abgeholt?« fragt er ihn ganz aufgeregt.
Der Mann nickt.
Sagt der Apotheker: »Entschuldigen Sie bitte, Sie hatten Aspirin verlangt und bezahlt, und ich habe Ihnen Strychnin gegeben.«
»Und was ist der Unterschied?« erkundigt sich der Mann.
Der Apotheker hält ihm einen Kassenzettel hin. »Strychnin ist fünf Mark teurer.«

Es sagte der junge Vater:

»Ich habe das Bettchen absichtlich sehr hoch bauen lassen. Dann hören wir immer, wenn das Baby herausfällt.«

Ein Spanier ist zu Besuch in München. Bei einem Stadtbummel kommt er an einem brennenden Haus vorbei. Aus einem Fenster im dritten Stock schreit eine Frau um Hilfe.
Der Spanier läuft direkt unter das Fenster, zieht seine Jacke aus und deutet der Frau an, sie solle springen. Sie tut es, ohne lange zu zögern.
Als sie schon knapp über ihm ist, zieht er die Jacke zur Seite und juchzt leidenschaftlich: »Olé!«

*

Zwei Fallschirmspringer springen ab. Als der zweite am ersten vorbeisaust, ruft der entsetzt: »Mensch, zieh doch die Leine!«
»Wieso? Ist doch bloß eine Übung!«

Als der Krankenwagen endlich beim Krankenhaus vorgefahren ist und die Pfleger die Verletzten hereintragen, fragt der Arzt verwundert: »Was soll das heißen? Am Telefon wurde mir gesagt, daß nur ein Mann abzuholen sei. Jetzt kommen Sie mit drei Mann.«
»Stimmt schon«, bestätigt der Fahrer des Krankenwagens verlegen. »Die anderen zwei habe ich unterwegs angefahren.«

*

Sauerwein ist mit einer ständig nörgelnden Nervensäge verheiratet und kann es einfach nicht länger aushalten. Er beschließt, sie umzubringen.
Eines Abends schlägt er ihr also eins über den Kopf, schleppt sie zu den nahe gelegenen Bahngleisen und bindet sie dort fest. Dann wartet er auf den Nachtzug.
Durch das Rattern des nahenden Zuges kommt die Frau aber wieder zu sich. Sie erfaßt sehr schnell die Lage, kann dann aber sehen, wie der Zug auf einem ganz anderen Gleis dahinsaust. »Du alter Depp!« zetert sie höhnisch lachend. »Du kannst aber auch nichts richtig machen!«

*

Ein Tourist fragt den Bürgermeister des Dorfes: »Ist das Klima hier gesund?«
»Und ob«, versichert der Bürgermeister, »wir mußten unseren ältesten Einwohner vergiften, um endlich den Friedhof einweihen zu können.«

*

Der Herr des Hauses hat soeben den Teppichboden selbst verlegt. Sein kritischer Blick entdeckt nur noch einen kleinen Höcker mitten im Zimmer.
Er versucht, ihn mit einem Hammer einzuebnen.
Da kommt die kleine Tochter angelaufen und fragt aufgeregt: »Papa, hast du meinen Goldhamster gesehen?«

WALTER! DAS IST NICHT UNSER BABY!
SEI RUHIG! WAR DOCH EIN GUTER TAUSCH!

Eine ziemlich häßliche Hausfrau mit Lockenwicklern auf dem Kopf und abgewetzter Kittelschürze rennt mit dem Mülleimer hinter den Müllmännern her.
»Halt, halt! Warten Sie auf mich!« ruft sie.
»Wie Sie wollen«, sagt der Fahrer des Müllwagens mit einem Blick auf die Frau. »Springen Sie da hinten rein, wo das Loch ist.«

*

Ein Mann mit einem Glasauge hat den sehnlichen Wunsch, wieder auf beiden Augen sehen zu können. Ein Chirurg macht ihm große Hoffnungen: »Das läßt sich beim heutigen Stand der Medizin durchaus bewerkstelligen. Sie müssen nur einen Spender ausfindig machen, der Ihnen ein Auge opfert.«
Auf der Nachhausefahrt wird der Einäugige von einem rasanten Autofahrer überholt. Drei Kurven weiter knallt der schnelle Wagen gegen einen Baum, das Auto ist nur noch ein rauchender Trümmerhaufen. Der Fahrer ist tot.
Blitzschnell erkennt der Einäugige seine Chance, zu einem neuen Auge zu kommen. Er zückt sein Taschenmesser, ein Schnitt, dem armen Verunglückten wird das überflüssige Glasauge verpaßt – und nichts wie zurück in die Klinik. Dort klappt auch die Transplantation zu aller Zufriedenheit.
Am nächsten Tag wird der Verband entfernt, und glücklich, wieder auf beiden Augen zu sehen, greift der Patient zur Zeitung. Als erstes liest er die Schlagzeile des Tages: *Polizei steht vor einem Rätsel. Sportwagenfahrer mit zwei Glasaugen tödlich verunglückt.*

*

Bei einem Banküberfall wird ein Mann angeschossen.
»Haben Sie Schmerzen?« wird er gefragt, während man auf die Ambulanz wartet.
»Furchtbare«, stöhnt der Mann, »besonders beim Lachen.«

»Hör zu, Mann«, sagt der Schwimmlehrer zu einem Rekruten der Marineausbildungskompanie, der trotz monatelangen Unterrichts noch immer nicht schwimmen kann, »wenn dein Schiff mal torpediert wird, dann springst du am besten über Bord, läßt dich absacken bis auf den Grund und rennst, so schnell du kannst, an Land. Anders schaffst du's nie!«

Es fragte der kleine Sohn:

»Hat Oma die neue Tiefkühltruhe schon ausprobiert?«
»Ja.«
»Und? Was hat sie gesagt?«
»Nichts, sie sitzt noch drin.«

In der U-Bahn nimmt eine junge Frau ihr Kind auf den Arm. Ein Fahrgast betrachtet das Kind kopfschüttelnd und sagt dann: »Ist das aber ein häßliches Kind!«
Die Mutter bricht in Tränen aus.
Bei der nächsten Station steigt ein älterer Mann ein, sieht die junge Frau weinen und tröstet sie: »Nun weinen Sie mal nicht, junge Frau, ist doch sicher alles nicht so schlimm.« Dann greift er in die Tasche und sagt: »Und geben Sie hier diese Banane Ihrem kleinen Affen.«

*

Beim Tierarzt klingelt des Telefon.
»Gleich kommt meine Frau mit unserer alten Katze vorbei«, kündigt der Anrufer an. »Geben Sie ihr doch bitte eine Spritze, damit sie schmerzlos einschläft.«
»Natürlich, das mache ich«, antwortet der Arzt. »Und Ihre Katze findet allein nach Hause?«

Die Mutter schimpft mit dem kleinen Sohn. »Du sollst doch nicht dauernd Schneemänner bauen! Der Eingang zum Keller ist dadurch ganz versperrt.«
»Ich hab' doch keinen gebaut«, mault der Sohn.
Da setzt es eine Ohrfeige. »Und was ist das dort hinten?« empört sich die Mutter.
Der Junge heult los. »Ich hab' wirklich keinen Schneemann gebaut, der ist nicht von mir.«
Die Mutter ist irritiert. »Um Gottes willen!« sagt sie dann und schlägt die Hände über dem Kopf zusammen. »Dann haben wir Opa ja im Herbst draußen gelassen!«

Es stand in der Zeitung:

Wie auf dem letzten Zahnmedizinerkongreß festgestellt wurde, eignen sich die dritten Zähne hervorragend, um damit ins Gras zu beißen.

Eine Frau steigt mit einem Pekinesen in die S-Bahn. Dort hebt das Hündchen das Bein und benäßt einen Fahrgast.
Der Mann zieht ein Stück Schokolade aus der Tasche, bückt sich und hält es dem Hund hin.
Darauf sagt die Hundebesitzerin staunend: »Mein Gott, Sie sind aber wirklich ein Tierfreund!«
Der Mann wehrt ab. »Nicht so voreilig, gnädige Frau. Ich wollte nur feststellen, wo bei dem Tier der Kopf ist. Ich will ihm nämlich anständig in den Hintern treten!«

*

Eine Gruppe von Pilgern badet in der Quelle von Lourdes. Sie werden alle geheilt: Die Blinden sehen wieder, die Tauben hören, die Lahmen gehen.
Zuletzt fährt eine alte Oma mit ihrem Rollstuhl ins Wasser. Nach zwei Minuten kommt sie wieder heraus. Sie hat zwei neue Räder.

Die Herrenrunde ist mal wieder richtig in Schwung. Einer übertrifft den anderen.
»Ich nenne euch drei Begriffe«, sagt Rammler. »Aids, Tripper und Bundesverdienstkreuz. Welcher paßt nicht zu den beiden anderen?«
»Das ist doch klar«, kommt prompt die Antwort, »Bundesverdienstkreuz.«
»Falsch!« freut sich Rammler. »Tripper. Er ist das einzige, was man wieder los wird.«

Es sagte der Lokführer:

»Heute habe ich wirklich eine Pechsträhne. Beim Anziehen reißt der Hosenträger, dann habe ich einen Platten am Auto, und jetzt kommt mir ein Intercity auf meinem Gleis entgegen!«

In einer ländlichen Gegend geht eine Sommerfrischlerin spazieren. Sie begegnet einem kleinen Jungen, der bitterlich weint. Sofort bleibt sie stehen, um ihn zu trösten. »Was ist denn geschehen?«
»Unsere Katze«, heult der Junge, »die hat fünf Junge gehabt, und der Vater hat sie alle ersäuft.«
»Das ist ja schrecklich«, sagt die Dame mitfühlend. »Und es beweist dein gutes Herz, daß es dir so nahegeht.«
»Ich wein' ja bloß vor Zorn«, brüllt da der Junge. »Ich wollt' sie doch selbst ertränken!«

*

Und dann war da noch der Schwertschlucker, der seiner Assistentin den Degen zurückgab mit der Bemerkung: »Dieses stumpfe Ding! Sie wollen wohl, daß ich mir den Magen verderbe!«

Ein Mann geht mit seiner Frau eine Krawatte kaufen. Er verlangt eine rote.
Sie sagt: »Rot paßt nicht zu dir.«
Er nimmt eine blaue in die Hand.
Sie sagt: »Blau paßt nicht zu dir.«
Er greift nach einer grünen.
Sie sagt: »Die paßt nicht zu dir.«
Der Mann zieht einen Revolver, schießt und sagt dann: »Eine schwarze, bitte.«

*

Der Abteilungsleiter der Herrenkonfektion will den unverkäuflichen, gräßlich gemusterten Anzug endlich aussortieren, kann das alte Stück aber nirgendwo finden. Schließlich fragt er seinen neueingestellten Starverkäufer nach dem scheußlichen Ding.
»Den habe ich verkauft«, verkündet der Verkäufer triumphierend.
»Was? Hat der Kunde denn keine Einwände gehabt?«
»Nein, nein«, versichert der Verkäufer, »nur sein Blindenhund hat gejault.«

*

Kreidebleich stürmt der weiße Jäger in seine Hütte.
»Frau, ein Krokodil hat gerade unseren Jüngsten gefressen.«
Anwortet die Frau apathisch: »Wir werden ein neues Kind machen.«
Neun Monate später erwischt es den Zweitältesten, im folgenden Jahr die Tochter. Und jedesmal der gleiche Kommentar: »Wir werden ein neues Kind machen.«
Da reißt der Mann sein Weib vom Stuhl und schreit: »Ich bin es leid, dauernd dafür zu sorgen, daß dieses verdammte Krokodil satt wird.«

»Warum kommst du denn so spät zur Schule?« fragt der Lehrer.
»Unser Haus ist heute nacht abgebrannt.«
»Das ist ja schrecklich! Und warum hast du gestern gefehlt?«
»Na, da haben wir doch die Möbel in die Scheune räumen müssen.«

*

Der Aufseher verkündet den Galeerensträflingen: »Ihr dürft euch jetzt etwas ausruhen. Außerdem werden frische Getränke gereicht und für jeden ein Hähnchen.«
Die Sträflinge sind sprachlos. Nur einer von ihnen wagt es und fragt nach dem Grund.
»Nutzt die Pause gut«, bekommt er zur Antwort, »der Kapitän will heute nachmittag Wasserski laufen.«

*

Viertausend Ameisen wollen einen Elefanten jagen. Sie krabbeln alle auf ihn drauf. Der Elefant schüttelt sich einmal, und zweitausend Ameisen fallen runter. Er schüttelt sich noch mal, und 1999 Ameisen sausen abwärts.
Da rufen 3999 Ameisen im Chor: »Los, Anton, würg ihn!«

*

Drei Männer sitzen beim Skat. Plötzlich stürzt völlig außer Atem ein vierter herein.
»Um Gottes willen, Oskar!« ruft er. »Es ist etwas passiert, aber erschrick nicht zu sehr. Dein Haus brennt, und deine Frau ist ganz oben und kann nicht herunter.«
Oskar erhebt sich bleich, aber gefaßt und erklärt: »Also, Kameraden, ihr werdet es mir gewiß nicht übelnehmen, wenn ich unter diesen Umständen die drei letzten Runden ansage.«

Ein Fallschirmspringer bekommt vor seinem ersten Absprung aus dreitausend Meter Höhe letzte Instruktionen.
»Also«, sagt der Ausbilder, »der Schirm geht ganz automatisch auf. Sollte es aber doch einmal eine Panne geben, dann ziehst du hier an dieser Reißleine, die den Reserveschirm öffnet. Unten steht dann ein Jeep, der dich abholt.«
Der Mann springt. Der Hauptschirm öffnet sich nicht. Er zieht an der Reißleine – auch der Reserveschirm versagt. Scheiße, denkt er da, wetten, daß der Jeep jetzt auch noch Verspätung hat!

Es sagte der Arzt:

»Also, es besteht leider kein Zweifel, Sie sind vergiftet worden.«
»Womit denn, um Himmels willen?«
»Keine Sorge, das werden wir bei der Obduktion feststellen.«

Ein Ehepaar hat eine kleine Tochter, die die seltsame Gabe besitzt, in die Zukunft blicken zu können. Sie hat sich bisher nie geirrt. Daher bricht im Haus eine große Unruhe aus, als das Mädchen eines Tages voraussagt: »Morgen, Punkt neun Uhr, wird mein Vater sterben.«
Für den Hausherrn folgt eine schlaflose Nacht, dann endlich kommt der Morgen. Da klingelt es. Der Hausherr öffnet, und der Briefträger steht vor der Tür. Im selben Moment schlägt die Uhr neunmal. Da bricht der Briefträger tot zusammen. Herzschlag.
Der Hausherr atmet tief durch und sagt: »Diesmal hat sich die Kleine Gott sei Dank geirrt...«

FÜHLST DU WAS, LIEBLING?
NEIN, SCHATZ!
MIST! DANN GEHT DER STROM WOANDERS DURCH.

Und dann war da noch der Besitzer eines Atombunkers, der bei der Inspektion des Kellers fluchte: »So ein Mist, wenn die noch ein halbes Jahr warten, dann muß ich schon wieder alle Konserven neu kaufen.«

*

Ein Fallschirmspringer beim ersten Absprung. Auf halber Höhe kommt ihm jemand von unten entgegen.
Erstaunt ruft er dem Mann zu: »Wo kommen Sie denn her?«
Ruft der zurück: »Aus der Munitionsfabrik.«

*

Der Chef ruft von einer Geschäftsreise abends zu Hause an und fragt den Hausmeister: »Was gibt's denn Neues?«
»Nicht viel. Nur die Halle ist abgebrannt.«
»Wie ist denn das passiert?«
»Durch den Wind. Dadurch haben die Flammen vom Hauptgebäude auf die Halle übergegriffen.«
»Ist denn die Feuerwehr nicht rechtzeitig gekommen?«
»Doch, aber die wollte Ihr Wohnhaus löschen. Das hat ja zuerst gebrannt.«
»Wieso denn das Wohnhaus?«
»Weil eine Kerze umgefallen ist und einen Vorhang in Brand gesetzt hat.«
»Was für eine Kerze, um Himmels willen?«
»Eine von den Kerzen eben, die brannten, als wir Ihre Frau aufgebahrt haben...«

*

Kaum ist der Patient von der Herztransplantation genesen, schreibt er einen Brief:
Lieber Spender, ich hoffe, daß es dir auch bald wieder besser geht...

Ein Vater geht mit seinem Sohn in den Tierpark. Vor dem Löwengehege wird der Kleine plötzlich sehr nachdenklich.
Als der Vater ihn nach dem Grund fragt, antwortet er: »Ich dachte gerade, wenn nun ein Löwe ausbricht und dich auffrißt – mit welcher Straßenbahn muß ich denn dann heimfahren?«

*

Der Eskimo hat sich eine Waschmaschine gekauft. Nach einer Woche reklamiert er bei der Firma.
»Das Gerät muß defekt sein. Zwar sieht nach dem ersten Probewaschen die Fellkleidung vom Großvater wieder wie neu aus, doch er selbst bewegt sich nicht.«

*

Bei einer Frauenversammlung empört sich die Rednerin: »Wir müssen uns vergegenwärtigen, daß auf dieser Erde jede Sekunde eine Frau ein Kind zur Welt bringt.«
»Um Himmels willen«, kommt da ein Zwischenruf aus dem Publikum, »man muß diese Frau schleunigst finden und dafür sorgen, daß sie damit aufhört!«

*

In einer Straße wohnen zwei Familien Huber. Eines Tages verreist nun Huber eins nach Südfrankreich, und zur gleichen Zeit segnet Huber zwei das Zeitliche.
Am nächsten Morgen bringt der Expreßbote ein Telegramm, verwechselt aber die Empfänger. Und die trauernde Witwe von Huber zwei darf die verblüffende Nachricht lesen: *Gut angekommen stop Rate dir auch herzukommen stop tolle Hitze.*

Der achtjährige Sohn wünscht sich zum Geburtstag einen richtigen Colt.
Der Vater protestiert:
»Unsinn, mit acht Jahren! Du bekommst höchstens einen Spielzeugrevolver aus Plastik.«
»Ich will aber einen richtigen Colt haben.«
Der genervte Vater brüllt: »Halt den Mund! Wer hat hier eigentlich zu bestimmen?«
Sagt der Kleine böse: »Du – aber warte, wenn ich erst den Colt habe...«

Es fragte die Freundin:

»Wie hast du eigentlich deinen zweiten Mann kennengelernt?«
»Ja, weißt du, ich ging mit meinem ersten spazieren, da kam er mit seinem Auto und überfuhr ihn. Und so begann unsere Freundschaft!«

Bolle hat zwei grundhäßliche Töchter. Seit Jahren bemüht er sich nun schon darum, Ehemänner für die beiden zu finden – ohne Erfolg.
Eines Tages wird der geplagte Vater von einem Auto angefahren. Das rechte Bein muß amputiert werden. Als Entschädigung erhält er von der Versicherung vierzigtausend Mark.
Dieses Geld setzt er seiner ältesten Tochter als Mitgift aus. Und siehe da, schon bald darauf stellt sich ein Bewerber ein.
Während des Hochzeitsessens nimmt plötzlich Bolles jüngere Tochter ihren Vater beiseite und flüstert ihm ins Ohr: »Ich hoffe, mein lieber Papa, du denkst jetzt auch an mich...«

Ein Cowboy reitet nach der Hochzeit mit seiner jungen Frau zurück auf die Ranch. Unterwegs strauchelt das Pferd. Der Cowboy lakonisch: »Eins.«
Nach ein paar Meilen strauchelt das Pferd wieder.
Der Cowboy: »Zwei.«
Kurz vor der Ranch strauchelt das Pferd erneut.
Da sagt der Cowboy »drei«, zieht seinen Colt und erschießt das Tier.
Die Frau ruft empört: »Du Rohling, wie konnte ich dich nur heiraten!«
Darauf der Cowboy: »Eins.«

Es fragte der Nachbar:

»Warum hast du denn deine Stellung in der Pulverfabrik gekündigt?«
»Ach, die waren so furchtbar kleinlich. Nach der großen Explosion im letzten Monat haben sie mir doch wirklich fünf Mark für die Zeit abgezogen, die ich in der Luft war.«

Plötzlich erlischt in der gesamten Wohnung das Licht. Der Ehemann sucht nach der schadhaften Stelle.
»Faß doch mal diesen Draht an, Liebling«, sagt er zu seiner Frau. »Fühlst du was?«
»Nein, gar nichts.«
»Schön, dann geht der Strom durch den anderen Draht.«

*

»Sie sollten beim Gähnen die Hand vor den Mund halten«, raunt der Wirt der finsteren Hafenkneipe dem alten Meier zu, als der mit weit aufgerissenem Mund herzhaft gähnt. »Bei dem vielen Gold in Ihrem Mund kann ich für nichts garantieren.«

Fritzchen hockt heulend vor einer Jauchegrube. Ein Spaziergänger fragt nach dem Grund seines Kummers.
»Die Mutter ist da reingefallen...«, schluchzt der Kleine.
Bekleidet, wie er ist, springt der Mann in den übelriechenden Tümpel, taucht, kommt wieder hoch, taucht erneut.
Nach einigen Minuten gesteht er atemlos: »Tut mir leid, aber ich kann deine Mutter beim besten Willen nicht finden.«
Meint Fritzchen achselzuckend: »Na, wenn das so ist – dann kann ich die Schraube ja auch reinwerfen...«

»Bitte einen Revolver für fünf Personen!«

oder

Kurz und brutal

Es läutet an der Tür; das kleine Mädchen öffnet.
»Guten Tag, meine Kleine«, meint der Mann draußen, »ich sammle für das Waisenhaus.«
»Moment bitte«, sagt die Kleine und geht in die Wohnung. Kurz darauf fallen zwei Schüsse. Dann kommt das Mädchen zurück.
»So, Onkel, jetzt kannst du mich mitnehmen.«

Es fragte der kleine Sohn:

»Mami, warum feiern wir schon im August Weihnachten?«
»Sei still, du weiß doch ganz genau, daß du Leukämie hast.«

Der Arbeiter vom Chemiewerk kommt zur Frau seines Kollegen. »Ihr Mann...«
»Was ist mit ihm?«
»Er war ganz aufgelöst... als wir ihn aus dem Säurebad rausgeholt hatten.«

*

Eine Fußballmannschaft fliegt zu einem Freundschaftsspiel nach Amerika. Da es den Jungs auf dem Flug zu langweilig wird, spielen sie in der Kabine Fußball. Der Pilot hat große Mühe, die Maschine gerade zu halten, es geht rauf und runter. Schließlich schickt er den Copiloten nach hinten. Nach drei Minuten ist wieder Ruhe eingekehrt.
»Wie hast du denn das geschafft?« fragt der Pilot seinen Kollegen.
»Ach«, meint der Copilot, »ich hab' zu ihnen gesagt: Jungs, es ist so schönes Wetter, spielt doch draußen vor der Tür.«

Freudestrahlend meldet sich der Erfinder auf dem Patentamt. »Ich habe eine sensationelle Haarschneidemaschine entwickelt. Man muß nur noch den Kopf reinstecken, und schon fangen die Messerchen zu schneiden an!« verkündet er.
»Aber jeder Kunde hat doch eine andere Kopfform«, gibt der Beamte zu bedenken.
»Nun ja«, meint der Erfinder, »vorher schon...«

*

Xaver aus Wien will seine Freunde Josef und Maxl in München besuchen. Als er bei Josef klingelt, kommt der ihm ganz in Schwarz entgegen.
»Was ist denn passiert?« fragt Xaver.
»Was Furchtbares«, schluchzt Josef. »Maxl ist tot.«
»Mein Gott, wie ist denn das geschehen?« fragt Xaver entsetzt.
»Nun ja«, erzählt Josef, »stell dir vor, er hat doch zuletzt in einer Gummifabrik gearbeitet, und da brach plötzlich Feuer aus. Maxl rennt nicht raus, sondern nach oben aufs Dach. Da stand er dann und rief um Hilfe. Aber die Feuerwehr konnte nichts machen, weil sie kein Sprungtuch hatten. Also, endlich haben sie ein altes Gummituch gefunden, und dann riefen alle: Spring doch, Maxl, spring! Maxl sprang, runter und rauf, runter und rauf, runter und rauf... Nach drei Tagen haben sie ihn abgeschossen.«

*

In einer Gemäldegalerie hängen drei Bilder junger Meister mit einer einzigen Unterschrift. Sie zeigen 1. ein am Strand liegendes ertrunkenes Kind, 2. einen Toaster mit einer völlig verkohlten Scheibe Brot, 3. ein weinendes Mädchen.
Erklärung für alle drei Bilder: *Zu spät herausgezogen.*

WAFFEN SCHMIDT
HABEN SIE
EINE PISTOLE
FÜR FÜNF LEHRER?
Gr.

Das Telefon läutet. Der kleine Junge hebt ab. »Hallo?«
»Hallo, hier ist Papi. Gib mir doch bitte die Mama.«
»Das geht nicht, sie liegt mit einem Mann im Bett.«
»Wie bitte?«
»Sie liegt mit einem Mann im Bett.«
»Das darf doch nicht wahr sein. Hör zu! Du gehst jetzt in mein Arbeitszimmer. In der rechten Schublade vom Schreibtisch liegt ein Revolver. Den nimmst du und erschießt alle beide!«
Der Junge legt den Hörer hin, kurz darauf hört man zwei Schüsse fallen.
»Hab' ich gemacht, Papi.«
»Gut, mein Junge, und nun ruf doch mal deine Schwester ans Telefon.«
»Aber Papi, ich hab' doch gar keine Schwester!«
»Oh! Entschuldigung. Da habe ich wohl die falsche Telefonnummer gewählt.«

*

»Mami«, fragt der Fünfjährige, »haben Zitronen Füße?«
»Nein, mein Kind.«
»O weh«, sagt der Kleine und verzieht jämmerlich das Gesicht, »dann habe ich den Kanarienvogel in den Tee gedrückt.«

*

Ein Artist mit zwei riesigen Koffern bewirbt sich bei einem Varieté-Besitzer. Er öffnet den ersten Koffer, nimmt einen zentnerschweren Stein heraus, schleudert ihn hoch in die Luft und fängt ihn mit der Stirn wieder auf. Der Varieté-Besitzer ist beeindruckt.
»Ausgezeichnet, Mann! Und was haben Sie in dem zweiten Koffer?«
»Kopfschmerztabletten.«

Der Zoowärter beugt sich über die Löwengrube.
»Was ist?« fragt ein Besucher.
»Das können Sie nicht sehen«, erwidert der Zoowärter. »Sie müssen sich hinüberbeugen, weiter – noch weiter – ja, so ...«
Und dann, an die Adresse des Löwen gerichtet: »Das muß jetzt für heute aber reichen ...«

Es sagte der Ehemann:

»Endlich bin ich größer als meine Frau!«
»Wieso – bist du etwa gewachsen?«
»Meiner Frau wurden beide Beine amputiert.«

Der Lehrer fordert die Kinder auf, etwas zum Basteln mitzubringen: Schrauben, Bolzen, Zahnräder, Federn.
Am nächsten Tag breiten sie alles auf den Pulten aus. Der kleine Fritz hat die auffälligste Ausbeute: ein chromglänzendes Gestänge mit einem Schlauch dran.
»Das ist aber schön«, lobt ihn der Lehrer, »woher hast du denn das?«
»Aus der Eisernen Lunge von meinem Opa!« verkündet Fritzchen stolz.
»So«, meint der Lehrer verblüfft, »was hat denn der Opa da gesagt?«
»Och, der hat gar nichts weiter gesagt, der hat nur pfffft gemacht.«

*

»Ich bin sicher, daß diese Schrotkur meine Frau ein für allemal von ihrer lästigen Migräne befreit hat«, murmelte der Graf und säuberte sorgfältig seine Schrotflinte.

Zwei Durstige irren schon tagelang durch die Wüste, da fragt der eine:
»Sag mal, hast du mir nicht gestern noch gesagt, daß du Wasser in den Beinen hast?«

Es verkündete der Vater:

»Endlich habe ich meiner Tochter das Nägelkauen abgewöhnt!«
»Wie denn?«
»Ganz einfach, ich habe ihr die Finger oben abgeschnitten.«

»Was hast du denn da in deiner Jackentasche?« fragt ein Texaner den anderen.
»Eine Stange Dynamit. Denn immer, wenn ich Jack treffe, schlägt er mir auf die Tasche und zerbricht meine Zigaretten... Das nächstemal wird er sich wundern!«

*

Ein mürrischer Farmer, der Kinder nicht ausstehen kann, hat seine hübsche Haushälterin, Mutter eines sechsjährigen Jungen, geheiratet. Bald nach der Hochzeit fährt die junge Frau für einige Tage in die nächste große Stadt, um Einkäufe zu machen.
Nach ihrer Rückkehr fragt sie ihren kleine Sohn, wie er sich mit seinem neuen Papi verstanden habe.
»Es ging«, antwortet der Junge. »Jeden Morgen ist er mit mir im Ruderboot zur Mitte des Sees gefahren und hat mich zurückschwimmen lassen.«
»Du lieber Himmel!« sagt die Mutter. »War das denn nicht viel zu weit für dich?«
»Ach, ich hab's ganz gut geschafft«, sagt der Kleine. »Schwierig war es nur, aus dem Sack herauszukommen.«

Nachwuchs beim Bundesliga-Kicker. Zur Taufe sind alle Mannschaftskameraden in die Kirche gekommen. Plötzlich gleitet dem Pfarrer das Kind aus den Armen. Geistesgegenwärtig hechtet der Torhüter in Richtung Altar und fängt das Baby wenige Zentimeter über dem Boden auf. Die Gäste klatschen begeistert Beifall. Daraufhin tippt der Tormann zweimal auf und schlägt gekonnt ab.

Es sagte die Mutter:

»Hör endlich auf, immer im Kreis herumzulaufen – sonst nagle ich dir das andere Beinchen auch noch fest!«

In Hollywood wird ein toller Krimi gedreht, in dem sich wilde Verbrecherbanden ganze Serien von Feuergefechten liefern. Der Produzent sagt seufzend zum Regisseur: »Was Sie mir da an Statisten anschleppen, kann ich ja kaum bezahlen!«
»Keine Bange, Herr Direktor!« beruhigt ihn der Regisseur. »Am letzten Drehtag werden die Platzpatronen für die Maschinenpistolen gegen scharfe Munition ausgetauscht!«

*

In der Eisenbahn. Irenchen will wissen: »Mutti, wo sind wir denn jetzt?«
»Irgendwo zwischen München und Heidelberg.«
»Ja, aber wo denn?« fragt die Kleine beharrlich weiter.
»Ich hab' keine Ahnung, gib endlich Ruhe!«
»Mutti, ich muß es aber wissen.«
»Verflixt noch mal, halt endlich den Mund!«
»Mutti, wir müssen es herausfinden! Das Brüderchen ist doch vorhin ausgestiegen.«

Zwei Politiker aus New York überfliegen eine Küste der Südstaaten und sehen, wie zwei Weiße in einem Motorboot einen Neger auf Wasserskiern hinter sich herziehen. Sie gehen mit dem Hubschrauber etwas hinunter, und einer der Politiker ruft durchs Megaphon: »Ich freue mich, daß sich das Verhältnis zur farbigen Bevölkerung so gebessert hat!«
Fragt der eine Weiße im Boot den anderen: »Hast du verstanden, was der Kerl gebrüllt hat?«
»Nicht alles. Aber eines ist sicher: Vom Haifischfang hat der keine Ahnung.«

*

»An was ist deine Frau eigentlich gestorben?« erkundigt sich der Kollege.
»Sie erlitt einen Hirnschlag«, erwidert der Witwer.
»O Gott, so einfach von heute auf morgen?«
»Ja, sicher, ich habe den Hammer ja erst gestern gekauft.«

*

»Warum weinst du denn?« fragt die Spaziergängerin den heulenden Jungen am Flußufer.
»Weil mir ein Brot ins Wasser gefallen ist.«
»Wohl mit einer besonders leckeren Wurst drauf?«
»Nein, mit meinem Bruder.«

*

Ein Mann fragt in einem Waffengeschäft nach einem Revolver.
»Es gibt da verschiedene Modelle«, erklärt ihm der Verkäufer. »Was darf's denn für einer sein?«
Antwortet der Kunde unwirsch: »Ist mir egal – für fünf Personen.«

SIR, IN DER TIMES STEHT, DASS EINE FRAU IHREN MANN MIT EINEM GOLFSCHLÄGER UMGEBRACHT HAT.
INTERESSANT. - WIE VIELE SCHLÄGE?

Ein Cowboy begegnet einem anderen, der ganz in Schwarz auf seinem Pferd daherkommt.
»Nanu«, sagt er, »ist bei euch denn jemand gestorben?«
»Wir beerdigen den Großvater«, antwortet der Schwarzgekleidete.
»Ja, wieso denn, der war doch noch so rüstig – ihr habt doch neulich erst ganz groß seinen Achtzigsten gefeiert.«
»Stimmt«, der andere kratzt sich am Ohr, »er war ja wirklich noch rüstig. Aber er stand immer so rum und guckte so dämlich – da ham wir'n abgeknallt.«

Es erinnerte sich der Säufer:

»Häng dich doch auf, sagte mein Vater immer zu meiner Mutter, wenn sie über ihr mieses Aussehen geklagt hat. Endlich hat sie es getan, aber dann sah sie noch grauenvoller aus.«

»Mmmh, hat das heute geschmeckt, Schatz!« lobt der Ehemann. »Kannst du morgen das gleiche noch mal kochen?«
»Tut mir leid, Liebling, an Fliegenpilzen kann man sich nur einmal im Leben sattessen.«

*

»Heute haben wir uns ganz toll in der Schule amüsiert«, erzählt der Sohn seinem Vater. »Ich habe eine kleine Bombe gebastelt und sie meinem Lehrer unters Pult gelegt. In der Pause auf dem Schulhof haben wir uns schiefgelacht.«
»Na, der Direktor wird schön wütend sein und dir was erzählen, wenn du morgen zur Schule kommst«, gibt der Vater kopfschüttelnd zu bedenken.
Der Sohn wundert sich: »Zur Schule? Es gibt keine Schule mehr!«

Ein Bauer steht an der Straße mit einer Kuh am Seil und will als Anhalter mitgenommen werden. Endlich hält ein großer Wagen.
»Und was wird mit der Kuh?« fragt der Fahrer.
»Die binden wir hinten dran«, meint der Bauer.
Es geht los. Vierzig Stundenkilometer: die Kuh trabt hinterher; sechzig Stundenkilometer: die Kuh trabt hinterher; bei achtzig sieht der Fahrer im Rückspiegel, wie die Kuh Schaum vor dem Maul hat und ihr die Augen heraustreten.
»Sehen Sie sich doch bloß mal Ihre Kuh an!« sagt er zu dem Bauern.
»Ja«, meint der seelenruhig, »so sieht sie immer aus, wenn sie zum Überholen ansetzt!«

Es fragte Mariechen:

»Mami, wie weit ist es bis nach Amerika?«
»Sei still!«
»Ich will aber wissen, wie weit es bis nach Amerika ist.«
»Sei jetzt endlich still und schwimm weiter!«

»Ach«, sagt die Dame des Hauses zu einem ihrer Gäste, »Sie sind bei der Entwicklungshilfe. Was machen Sie denn da?«
»Ich helfe den Indern bei der Geburtenregelung.«
»Und wie machen Sie das?«
»Die Männer, die kommen, müssen sich auf einen Stuhl setzen. In dem Stuhl ist ein Loch, da hängt ihre Männlichkeit heraus. Dann nehme ich zwei Backsteine und mache bumm, und alles ist vorbei.«
»Um Himmels willen«, sagt die Gastgeberin. »Tut das nicht sehr weh?«
»Und wie!« bestätigt der Entwicklungshelfer. »Schon dreimal habe ich meinen Daumen zwischen die Ziegelsteine gebracht!«

»Mami, darf ich im Sandkasten spielen?« fragt der kleine Klaus die Mutter.
»Nein, jetzt nicht, mein Kind.«
»Warum denn nicht?«
»Darum nicht.«
»Wann darf ich denn wieder im Sandkasten spielen?«
»Wenn wir für unseren toten Opa einen anderen Platz gefunden haben.«

*

In der Kneipe taucht ein Mann auf, der einen Dackel im Arm hält. Als er diesen nach fünf Minuten noch nicht abgesetzt hat, fragt ihn der Wirt: »Warum haben Sie denn die ganze Zeit den Hund auf dem Arm; der wird doch schwer auf die Dauer.«
Der Mann zeigt ihm den Hund näher, und der Wirt erkennt, daß das Tier keine Beine mehr hat.
Er streichelt den Hund mitleidsvoll und fragt den Besitzer: »Wie heißt denn der arme Kerl?«
»Der hat keinen Namen; wenn man ihn ruft, kommt er doch sowieso nicht.«

*

Am Brückengeländer lehnt ein Mann und singt vor sich hin: »Dreiundzwanzig tralala, dreiundzwanzig tralala...«
Ein Passant fragt ihn: »Warum singen Sie denn ständig dreiundzwanzig tralala?«
»Dann schauen Sie doch mal hinunter!«
»Ich sehe nichts.«
»Sie müssen sich tiefer beugen.«
»Ich sehe immer noch nichts.«
»Noch tiefer! Tiefer... vierundzwanzig tralala, vierundzwanzig tralala...«

»Mutti, ich kann nicht mehr schwimmen!«
»Sei ruhig, dummer Junge!«
»Muttiiiii... ich kkkann... blubb... aber nicht... blubb... mehr schwimmen.«
»Sei doch endlich still und nimm dir ein Beispiel an deiner Schwester. Sieh, wie still sie untergeht.«

Es fragte der kleine Sohn:

»Vati, Vati, weshalb schieben wir denn unser Auto über die Klippen?«
»Ruhig, Kind, ruhig, sonst wacht Mami auf.«

Zwei Fallschirmspringer sind gleichzeitig abgesprungen. Meint der eine im freien Fall nach einer Weile zu seinem Kollegen: »Schau mal, die Leute da unten sehen aus wie Ameisen.« Meint der andere erschreckt: »Mensch, zieh! Das sind Ameisen!«

*

Zum Varieté-Agenten kommt ein Mann und sagt: »Ich bin die sensationellste Nummer, die Sie je erlebt haben. Sie haben nichts zu tun, als mir einen Vorschuß von zwanzigtausend Mark zu garantieren. Dann mieten Sie das größte Haus am Platze. Für die Eintrittskarten können Sie verlangen, was Sie wollen. Kündigen Sie ein einmaliges Gastspiel an: Ich betrete die Bühne, ziehe einen Revolver und schieße mir eine Kugel in den Kopf. Das ist doch wirklich sensationell! Das Publikum wird begeistert sein.«
»Alles schön und gut«, meint der Agent. »Die Sache ist interessant. Nur eine Frage: Was bringen Sie als Zugabe?«

Aufgeregt kommt Karlchen zu seiner Mutter gelaufen. »Mutti, Mutti, Papa hat sich auf dem Dachboden erhängt!«
Erschrocken läuft die Mutter auf den Speicher, findet aber nichts.
Da ruft Karlchen: »April, April, er hängt im Keller!«

Es fragte Klein Udo:

»Mutti, warum läuft Papi im Zickzack über den Rasen?«
»Halt den Mund, mein Kind – lad nach!«

Kopfschüttelnd betrachtet die Freundin das flotte Coupé.
»Du hast einen Riesenschnitt in deinem Reifen!«
»Ja, weiß ich, ich bin über eine Flasche gefahren.«
»Hast du sie denn nicht gesehen?«
»Nein – mein Mann hatte sie in der Tasche.«

*

»Wenn du Mut beweisen willst, dann spring mit geschlossenen Augen vom Kleiderschrank in meine Arme«, sagt der Vater zu seinem kleinen Sohn.
Der Kleine läßt sich auf den Schrank hinaufheben und springt.
Der Vater macht einen Schritt zur Seite und läßt ihn auf den Boden knallen.
Als er den Jungen später im Krankenhaus besucht, sagt er:
»Nun, mein Sohn, das soll dir eine Warnung sein. Traue niemandem. Nicht mal deinem Vater!«

DAS WAR JA VORZÜGLICH KANNST DU DAS MORGEN NOCH MAL KOCHEN?
ABER HERZLEIN, FLIEGENPILZ ISST MAN NUR EINMAL.

Und dann war da noch der Schreiner, der zu seinem Lehrling sagte: »Das kannst du dir doch an deinen acht Fingern abzählen, daß es gefährlich ist, wenn du den Balken so herum in die Kreissäge schiebst!«

Es sagte der Richter:

»Sie haben den Mann erschlagen und dann völlig zerstückelt. Stimmt das? Was haben Sie noch dazu zu sagen?«
»Daß mein Messer dabei stumpf geworden ist.«

Ein Mann kommt in eine Bar. In der Hand hält er eine verschnürte Supermarkt-Tüte. Mit dieser Tüte und ihrem offenbar recht gewichtigen Inhalt schlägt er auf die Theke und verlangt einen Whisky.
Er erhält ihn, kippt ihn hinunter, schlägt mit der Tüte wieder auf die Theke und verlangt einen doppelten Whisky.
Er erhält ihn, kippt ihn hinunter, trommelt mit der Tüte ein wütendes, unbeherrschtes Solo auf der Theke und verlangt einen dreistöckigen Whisky. Auch diesen erhält er.
»Kummer?« erkundigt sich mitfühlend der Barkeeper, während er dem Mann einen vierstöckigen Whisky hinstellt.
»Und ob«, lallt der Gast. »Seit zehn Jahren spiele ich immer die gleichen Zahlen im Lotto. Nie was gewonnen. Diesmal wären's fünfhunderttausend Mark gewesen! Aber meine Frau hat vergessen, den Schein abzugeben.«
»Mann Gottes, der hätte ich glatt den Kopf abgerissen«, erklärt der Barkeeper.
»Was glauben Sie denn, was ich hier drin habe?« fragt der Gast und trommelt wieder mit der Tüte auf die Theke.

Der Freund der Zwillinge ist zum Spielen gekommen.
»Wo ist denn dein Bruder?« fragt er.
»Wir haben gewettet, wer sich weiter zum Fenster hinauslehnen kann«, antwortet der eine Zwilling.
»Und?«
»Er hat gewonnen.«

Es fragte Klein Moni:

»Warum steht Oma denn seit einem Jahr am Fenster und bewegt sich nicht?«
»Pst, das ist wegen der Rente.«

»Mami, Mami«, die Kinder stürmen zur Tür herein, »laß uns noch mal mit Opa spielen.«
»Macht, daß ihr rauskommt«, befiehlt die Mutter. »Der Sarg bleibt zu.«

»Nur keine Panik auf der Titanic!«
oder
Horror-Trip ins Ungewisse

In einer Chartermaschine hört man kurz nach dem Start aus dem Lautsprecher:
»Meine sehr verehrten Damen und Herren, der Kapitän begrüßt Sie im Namen der Fluggesellschaft sehr herzlich. Das Flugzeug wird von einem automatischen Piloten gesteuert, es kann überhaupt nichts passieren, passieren, passieren ...!«

*

Der Ozeanriese gleitet an einer winzigen Insel vorbei, auf der ein völlig zerlumpter Mann wie verrückt rumhüpft und winkt. »Wer ist denn das?« will ein Passagier vom Kapitän wissen.
»Keine Ahnung«, meint der Kapitän, »aber der freut sich immer so, wenn wir hier vorbeikommen.«

Es sagte der Bergführer:

»Diese Stelle hier ist sehr gefährlich. Falls Sie abstürzen sollten, versäumen Sie aber nicht, nach rechts unten zu schauen. Das ist die wunderbarste Aussicht, die wir hier haben.«

Ein Missionar bricht in der Wüste einsam und erschöpft zusammen. Als er erwacht, sitzen zwölf Löwen um ihn herum. Erschrocken betet er: »Lieber Gott, laß die Löwen fromm werden, damit sie mir nichts tun!«
Wieder wird er ohnmächtig. Als er schließlich zu sich kommt, sitzen die Löwen mit gefalteten Pfoten um ihn herum. Gott sei Dank, denkt er, sie sind tatsächlich fromm geworden.
Da hört er die Löwen beten: »Komm, Herr Jesus, sei unser Gast und segne, was du uns bescheret hast. Amen.«

Ein Touristen-Dampfer kentert auf dem Nil und geht langsam unter. Vom Ufer aus schwimmen Krokodile auf das Schiff zu. Sagt ein amerikanischer Passagier: »Typisch dritte Welt. Nichts zu futtern, aber die Rettungsboote sind von Lacoste.«

*

Auf dem Hotelflur herrscht ein Heidenlärm. Der Tourist beschwert sich telefonisch beim Nachtportier.
»Tut mir leid, mein Herr«, bedauert der. »Aber wir können die Feuerwehr nicht zwingen, leiser zu löschen.«

*

Der ängstliche Tourist traut dem Frieden nicht so ganz. »Sagen Sie mal, gibt es hier Haie?« fragt er einen Einheimischen.
»Keine Sorge, Mann«, meint der beruhigend, »wo es Krokodile gibt, gibt es keine Haie.«

*

Alfred beim Fallschirmspringen. Als sich 1500 Meter über dem Boden der Schirm nicht öffnet, wird er nervös.
Bei 1000 Meter bekommt er Angst.
In 500 Meter Höhe packt ihn die schiere Verzweiflung.
Als es gerade noch drei Meter sind, sagt er sich schließlich: »Halb so wild. Das kleine Stück schaffe ich auch ohne Fallschirm.«

*

Zwei Schiffbrüchige treiben in einem Rettungsboot auf dem offenen Meer.
Fragt der eine: »Du, was steht denn auf unserer letzten Konserve drauf?«
Antwortet der andere grimmig: »Vorspeise – appetitanregend.«

Mit letzter Kraft robbt ein Tourist durch den Wüstensand. Nach drei Tagen steht plötzlich ein Mann vor ihm. »Schöne Krawatten gefällig?«
Der Tourist winkt ab. »Mann, was soll ich denn damit – ich hab' Durst.«
Fünf Tage später erreicht er eine Oase; unter Palmen sieht er eine Snack-Bar. Er stöhnt: »Wasser ...«
Der Mann am Eingang nickt zustimmend. »Können Sie haben – aber ohne Krawatte kommen Sie hier nicht rein!«

*

In einem Flugzeug von New York nach Los Angeles stürzt ein Passagier in die Pilotenkanzel, hält dem Chefpiloten einen Revolver an die Schläfe und fordert: »Los, Freundchen, Kursänderung nach Havanna!«
Achselzuckend erwidert der Pilot: »Tut mir leid, Mister. Vor zehn Minuten war bereits eine Dame mit einer Bombe hier und hat Kairo bestellt.«

*

Eine Schiffsbesatzung beobachtet, daß sich der Kapitän häufig in seiner Kajüte einschließt, eine Kassette öffnet, hineinschaut, mehrmals nickt und dann die Kassette wieder wegschließt. Das tut der Kapitän Jahr um Jahr.
Als er schließlich stirbt, stürmt die Mannschaft erwartungsvoll in die Kajüte, holt die Kassette, schließt sie auf und findet einen Zettel darin. Darauf steht: *Steuerbord ist rechts, Backbord links.*

*

Die Frau des Urwalddoktors fällt beim Fensterputzen hinunter und direkt in die offene Mülltonne. Kommt ein Eingeborener vorbei, bleibt stehen und schüttelt den Kopf. »Unglaublich, was die Weißen alles wegwerfen!«

Drei Schwaben machen eine Hochgebirgstour und stürzen prompt in eine Gletscherspalte. Sofort steigt ein Trupp Bergwacht-Männer auf, um den Touristen zu Hilfe zu kommen.
Als sie die Gletscherspalte erreicht haben, beugt sich einer der Retter über den Abgrund und schreit hinunter: »Hier ist die Berghilfe!«
Ganz schwach kommt die Antwort aus der Tiefe: »Mir gäbet nix!«

*

Im Dschungel. Drei Forscher werden von Eingeborenen überwältigt und in deren Dorf verschleppt. Dort werden sie dem Häuptling vorgeführt.
»Ihr könnt wählen«, sagt der Häuptling. »Tod oder Bula-Bula.«
»Bula-Bula«, entscheidet sich der erste Wissenschaftler.
Ein Dutzend Eingeborenenfrauen stürzen sich auf ihn und verschwinden mit ihm in einer Hütte. Für die beiden anderen vergehen bange Stunden. Endlich schleppt sich ihr Kamerad mit letzter Kraft aus der Hütte und fällt in Ohnmacht.
Immer noch besser als tot, denkt sich der zweite und wählt ebenfalls Bula-Bula.
Mit ihm geschieht das gleiche. Nach etlichen Stunden wird er total zerschunden und besinnungslos ins Freie getragen.
Bevor ich mich so quälen lasse, überlegt der dritte Forscher, will ich lieber sterben.
Und als die Reihe an ihn kommt, entscheidet er sich für den Tod.
»Greift ihn!« befiehlt der Häuptling. »Tod durch Bula-Bula!«

Ein Archäologe reitet auf dem Kamel in die Wüste. Plötzlich hört er eine Stimme: »Absteigen, absteigen!«
Er steigt ab.
Wieder die Stimme: »Graben, graben!«
Er gräbt und findet eine Kiste mit alten Goldmünzen.
Wieder die Stimme: »Kairo, Kairo!«
Er reitet nach Kairo.
Wieder die Stimme: »Spielkasino, Spielkasino!«
Er begibt sich schleunigst zum Spielkasino.
Wieder die Stimme: »Zwölf, zwölf!«
Er setzt den ganzen Schatz auf die Zwölf. Es kommt die Dreizehn.
Darauf dieselbe Stimme etwas kleinlaut: »Scheiße, Scheiße!«

Es verkündete der Bordlautsprecher:

»Hier spricht Ihr Kapitän. Rechts sehen Sie den brennenden Motor, links unten eine kleine Insel und rechts davon das kleine gelbe Schlauchboot, von dem aus ich jetzt zu Ihnen spreche.«

Zwei Piloten sitzen beim Frühstück. Der eine liest Zeitung und hält sie dicht vor die Nase.
»Bist du so kurzsichtig?« fragt der andere leise.
»Bitte erzähl das ja keinem!« beschwört der erste seinen Kollegen. »Sonst schmeißen sie mich raus.«
»Aber wie kannst du denn überhaupt starten?« überlegt der Kollege kopfschüttelnd. »Du bist doch praktisch blind.«
»Ach, das ist kein Problem. Ich gebe Vollgas und brause los. Und wenn mein Copilot schreit: ›Um Gottes willen!‹, dann ziehe ich am Steuerknüppel und hebe ab.«

Zwei Ägypten-Touristen haben am Nil ihr Lager aufgeschlagen. Mitten in der Nacht schreit der eine plötzlich: »Verdammt, mir hat eben ein Krokodil ein Bein abgerissen!«
Fragt der andere: »Welches?«
»Das weiß ich doch nicht«, jammert das Opfer, »hier sieht doch ein Krokodil wie das andere aus!«

Es sagte der Verkäufer:

»Hier haben Sie Ihren Fallschirm.«
»Und was mache ich, wenn er nicht aufgeht?«
»Dann können Sie ihn umtauschen. Sie haben ein Jahr Garantie.«

Ein französischer Graf, alte Schule, stets ein Monokel im Auge, nimmt an einer Kreuzfahrt teil. Als das Schiff untergeht, findet er sich mutterseelenallein im Meer wieder. Nachdem es ihm gelungen ist, sein Monokel wieder einzuklemmen, sieht er einen Hai auf sich zuschwimmen. Ohne sein kaltes blaues Blut zu verlieren, greift er entschlossen zu seinem kleinen Taschenmesser.
Da zischt der Hai vorwurfsvoll: »Aber Graf, Fisch mit dem Messer?«

*

Schon wochenlang hocken zwei Schiffbrüchige auf einer kleinen Insel. Der eine blättert gelangweilt in einem kleinen Kalender.
Plötzlich ruft er aus: »Na, endlich mal 'ne kleine Abwechslung!«
»Wieso?« erkundigt sich der andere erfreut.
»Morgen hat meine Oma Geburtstag.«

WER IST
DENN DAS?
...WEISS ICH
AUCH NICHT,
ABER ER FREUT
SICH IMMER,
WENN WIR
VORBEI-
FAHREN.

Die junge Frau des Afrikaforschers ist von Eingeborenen entführt worden. Der besorgte Ehemann nimmt sich einen Fährtensucher und verfolgt die Flüchtenden.
Sie reiten und reiten, schließlich sagt der Fährtenleser: »Bis jetzt haben sie achtmal Rast gemacht. Einmal davon, um zu essen und zu trinken.«

*

Das Schiff beginnt zu sinken.
»Keine Panik!« ruft der Kapitän den Passagieren zu. »Bald wird jeder festen Boden unter den Füßen haben. Diejenigen, die schwimmen können, sind in zwei Stunden am Ufer.«
Fragt einer ängstlich: »Und die, die nicht schwimmen können?«
»Die erreichen festen Boden in einigen Sekunden. Das Wasser ist hier nur zwölf Meter tief.«

*

Mitten in Sibirien hält ein Zug plötzlich an. Als er nach drei Stunden immer noch steht, fragt ein Fahrgast den Kontrolleur: »Warum halten wir denn hier so lange?«
»Wir haben die Lok getauscht«, erklärt der Mann.
»Aber das kann doch nicht so lange dauern.«
»Doch. Wir haben sie gegen Wodka getauscht.«

*

Der Dampfer sinkt unablässig. Der Kapitän brüllt über das Vorschiff: »Ist unter den Passagieren jemand, der so richtig inbrünstig beten kann?«
»Ja, ich, Herr Kapitän!« meldet sich ein Passagier.
»Na wunderbar«, sagt der Kapitän, »wir haben nämlich eine Schwimmweste zuwenig...«

In der Bar einer afrikanischen Siedlung sitzen fünf große, kräftige Farmer in Khaki-Anzügen. Plötzlich kommt ein winziges Kerlchen herein, das genauso gekleidet ist wie sie.
Verwundert fragt einer der Farmer den Mann an der Bar: »Was ist denn das für einer?«
Da langt der Barmann nach vorn, stellt das Männlein auf den Schanktisch und sagt: »So, George, nun erzähl diesem Gentleman mal, wie das war, als du damals zu dem Medizinmann ›alter Spinner‹ gesagt hast.«

*

Ein Kondor kreist auf Nahrungssuche über den Anden. Plötzlich entdeckt er eine kleine Maus, die er im Sturzflug erbeutet, hinunterschlingt und dabei wieder in die Höhe steigt.
Die Maus, unversehrt durch alle Eingeweide gerutscht, sieht plötzlich Licht und fragt: »Wo sind wir?«
Krächzt der Kondor: »Zweitausend Fuß über dem Meer.«
»Ich bitte dich um eins«, fleht da die Maus, »mach jetzt bloß keinen Scheiß!«

*

Zwei Freunde machen eine Bergtour. Ohne Seil. Der eine geht vor, plötzlich hört er hinter sich ein Krachen – es rauscht, ein schriller Schrei –, und als er sich umdreht, ist der Freund verschwunden. Da, wo er eben noch ging, gähnt eine Gletscherspalte.
Starr vor Schreck faßt sich der andere nach einer Minute und brüllt in die Tiefe: »Was ist? Lebst du noch?« Keine Antwort. Er beugt sich über die Spalte und ruft noch einmal. Und da hört er ganz fern eine Stimme: »Ja...«
Er kann es nicht fassen. »Wie ist so was möglich«, ruft er halb entsetzt und halb erleichtert.
Darauf die Stimme, jetzt noch leiser und noch weiter weg: »Ich fall' noch...«

Ein auf dem Meeresgrund arbeitender Taucher bekommt per Kopfhörer die Anweisung: »Sofort raufkommen!«
»Warum?« fragt er zurück.
Lapidare Antwort: »Wir sinken!«

*

»Also, auf dem Mississippi kenne ich jede Sandbank und jeden Felsen ganz genau«, erklärt der Kapitän seinen Passagieren voller Stolz.
In diesem Augenblick knirscht es fürchterlich: Das Schiff ist auf eine Sandbank gelaufen.
»Sehen Sie«, freut sich der Kapitän, »da ist schon eine.«

*

Plötzliche Unruhe im Flugzeug. Die Passagiere stellen mit Entsetzen fest, daß die linke Tragfläche brennt. Kurz darauf fängt auch die rechte Feuer.
Der Pilot kommt aus dem Cockpit, den Fallschirm umgeschnallt, öffnet die Bordtür und ruft den Fluggästen zu: »Kein Grund zur Aufregung, ich hol' nur schnell mal Hilfe!«

*

Während eines Safariausfluges läuft der Reisegesellschaft plötzlich ein Tiger über den Weg. Die Teilnehmer bekommen es mit der Angst zu tun.
»Keine Bange, Herrschaften«, sagt der Reiseleiter, »der Tiger ist satt.«
»Woher wissen Sie denn das?« fragt einer aus der Gruppe mißtrauisch.
»Ganz einfach«, erklärt der Reiseleiter. »Schauen Sie sich mal um, die Kuhlmanns fehlen schon seit einer halben Stunde.«

Schiffbrüchige haben sich auf ein Floß gerettet. Allmählich verzweifeln sie. Tagelang brennt schon die Sonne auf sie herab, das Trinkwasser wird knapp, und die Lebensmittel sind längst alle. Der Schiffsjunge wurde bereits verspeist. Die Schiffbrüchigen beraten, was zu tun sei.
»Warum sollen die Jungen immer zuerst weg«, ruft einer. »Nehmen wir doch den Alten.« Dabei zeigt er auf einen klapprigen Opa, der auf einer Kiste hockt.
»Ich?« stottert der entsetzt. »Warum denn? Wir haben doch noch eine ganze Kiste voll Konserven.«
»Was?« schreien die anderen entrüstet. »Und da hast du zugelassen, daß wir den Schiffsjungen aufgegessen haben?«
»Ach«, entschuldigt sich der Alte. »Ich krieg' von Konserven immer so Ausschlag!«

*

Das Schiff geht unter. Der Kapitän schießt in letzter Verzweiflung mehrere Leuchtraketen ab. Da kommt ein Passagier auf die Kommandobrücke.
»Hören Sie mal!« sagt er ganz empört zum Kapitän. »Ich will Ihnen ja keine Vorschriften machen. Daß Sie aber in dieser Situation ein Feuerwerk veranstalten – geht das nicht ein bißchen zu weit?«

*

Mitten bei der Safari ertönen plötzlich die Buschtrommeln.
»Um Himmels willen«, fragt Möllner den schwarzen Führer, »das werden doch keine Kannibalen sein? Was trommeln die denn?«
»Keine Angst«, wird er beruhigt. »Das gilt nur für die Frauen des Stammes und bedeutet: Kleider runter, Preise rauf, die Touristen kommen.«

Zwei Segler, deren Boot bei einer Atlantiküberquerung gekentert ist, erreichen mit letzter Kraft einen Eisberg.
»Wir sind gerettet!« brüllt der eine da plötzlich los.
»Wieso das denn?«
»Da hinten kommt die ›Titanic‹.«

*

Bei den kanadischen Holzfällern herrschen ziemlich rauhe Sitten. Jeder Neue muß eine Mutprobe ablegen.
»Also hör zu, Jimmy«, erklärt der Vorarbeiter. »Du wirst jetzt eine Flasche Fusel auf einen Zug leeren, dann einen Grizzlybären erlegen und anschließend die alte Köhlerwitwe vergewaltigen.«
»Okay«, meint Jimmy, setzt die Flasche an, säuft sie aus und läuft singend in die Wälder.
Am nächsten Tag taucht er blutend und mit zerrissenen Kleidern wieder auf. »Nummer zwei ist auch erledigt«, meint er fröhlich. »Und wo ist jetzt die Köhlerwitwe, die ich abknallen soll?«

*

Das Schiff droht zu sinken. Der nichtgetaufte Berghofer fällt auf die Knie und beginnt zu beten.
»Mensch, hör bloß auf!« fährt ihn sein Kabinennachbar an. »Wenn Gott merkt, daß *du* hier auf dem Kahn bist, ist alles aus.«

*

Auch im hohen Norden lauern die Gefahren.
»Also, der Eisbär ist mir dicht auf den Fersen, und ich laufe im Zickzack. Da plötzlich rutscht er aus, und ich kann mich auf eine Eisscholle retten.«
»Mein Gott, hast du Mut! Ich hätte mir vor Schreck in die Hosen gemacht.«
»Was meinst du, worauf der Eisbär ausgerutscht ist!«

TUT MIR LEID,
ICH HAB SCHON EINE
LEBENSRETTUNGSMEDAILLE!

Panik an Bord. Alles läuft durcheinander.
Einer schreit voller Entsetzen: »Wir sinken!«
Nur ein Mann, seekrank und gelbgrün im Gesicht, sitzt still in einer Ecke und sagt: »Gott sei Dank!«

*

Ein Stotterer unternimmt eine Weltreise per Schiff. Auf dem Schiff unterhält ein Zauberer die Gäste mit allen möglichen Kunststückchen. Zuerst zaubert er dem Stotterer die Brieftasche weg. Der ist hingerissen. Dann zaubert er ihm die goldene Uhr weg.
»K-k-klasse«, sagt der Stotterer.
»Und jetzt kommt etwas ganz Tolles«, verspricht der Zauberer. Die Zuschauer warten voller Spannung. Und plötzlich fliegt mit einem Knall das ganze Schiff in die Luft.
Einige Zeit später finden sich Stotterer und Zauberer, an eine Planke geklammert, im Wasser wieder.
Sagt der Stotterer: »M-m-mensch, mach kein' Quatsch, r-r-rück das Sch-schiff wieder raus.«

Es sagte der Flugkapitän:

»Meine Damen und Herren, wir müssen in wenigen Minuten auf dem Wasser notlanden. Hiermit wünschen wir den Schwimmern eine gute Weiterreise und verabschieden uns von den Nichtschwimmern.«

An einem Flußufer in Afrika zersägen zwei Abenteurer mühsam einen Baumstamm.
»Den nächsten werden wir wohl nicht mehr schaffen«, meint der eine.
»Kann schon sein«, antwortet der andere, »der nächste ist nämlich ein Krokodil!«

In der Schalterhalle eines Flughafens. Ein älterer Mann gibt gerade sein Gepäck auf, da tritt plötzlich ein junger Mann auf ihn zu.
»Hätten Sie etwas dagegen, auf meinen Namen und auf meine Kosten eine Lebensversicherung abzuschließen?« fragt der junge Mann höflich.
»Auf Ihren Namen? Wie komme ich denn dazu?« antwortet der Passagier.
»Ja, wissen Sie«, sagt der junge Mann. »Ich habe diese Woche schon fünf Lebensversicherungspolicen laufen: Einer ist nach Bangkok geflogen, einer nach Hongkong, einer nach Johannesburg, einer nach New York. Jetzt kommen Sie. Und ich habe das unbestimmte Gefühl, in dieser Woche klappt es.«

*

Ein Mann wird in der Steppe plötzlich von einem Rudel Löwen eingekreist. In seiner Verzweiflung setzt er sich hin und beginnt auf seiner Mundharmonika zu spielen. Und tatsächlich: Die Löwen gruppieren sich um ihn und hören ihm aufmerksam zu.
Nach einer Weile kommt noch ein Löwe, läuft schnurstracks auf den Mann zu und verschlingt ihn.
Stupst einer der umsitzenden Löwen seinen Nachbarn an und meint: »Was habe ich dir gesagt – wenn der Taubstumme kommt, ist die Show vorbei.«

*

Bei einer Gebirgswanderung beschwert sich der ängstliche Städter beim Fremdenführer: »Auf solchen Wegen könnten Sie wirklich ein Geländer anbringen!«
»Hatten wir früher auch«, erwidert der Einheimische, »es wurde uns aber zu teuer – die Touristen haben es immer mit in die Tiefe gerissen!«

Zwei Wanderer stehen plötzlich einem gewaltigen Bären gegenüber. In Windeseile reißt sich der eine die Stiefel von den Füßen, holt seine Turnschuhe aus dem Rucksack und zieht sie an.
»Was soll denn das?« fragt sein Begleiter. »Du kannst auch mit Turnschuhen nicht schneller laufen als der Bär.«
»Was geht mich der Bär an?« keucht der andere. »Hauptsache, ich bin schneller als du.«

*

Über dem Atlantik, Tausende Kilometer vom nächsten Landeplatz entfernt, gibt der Pilot seinen Fluggästen bekannt, daß er keinen Tropfen Treibstoff mehr habe.
»Mein Gott«, stöhnt eine Dame auf, »was soll ich bloß machen?«
»Mir nachsprechen: Vater unser...«

»Mir ist ganz kannibalisch wohl...«

oder

Andere Völker, andere Sitten

Ein Forscher trifft einen Kannibalenhäuptling, der in Europa studiert hat.
»Und trotzdem essen Sie immer noch Menschen?« fragt er ihn kopfschüttelnd.
»Ja«, bestätigt der Kannibalenhäuptling. »Aber jetzt natürlich nur noch mit Messer und Gabel.«

Es sagte der Afrikareisende:

»Nein, ich konnte meinen Freund nicht retten. Als ich zu den Kannibalen kam, war er schon von der Speisekarte gestrichen.«

Der Kannibalenhäuptling hat eine Touristin gefangen. Er zerrt sie in seine Hütte.
Nach einer Weile schleicht sich das hungrige Kannibalenkind hinüber zu der Hütte, wirft einen Blick hinein und heult los: »Mami, Papa liegt auf unserem Mittagessen!«

*

Die Kannibalen haben einen Weißen gefangen. Der Häuptling fragt ihn nach seinem Beruf.
»Ich bin Athlet«, sagt der Weiße.
»Wunderbar«, freut sich da der Häuptling. »Aus Ihnen machen wir eine schöne Kraftbrühe!«

*

Ein Expeditionsteilnehmer stürmt in die Hütte des Kannibalenhäuptlings und brüllt: »Gibst du mir wohl sofort meine Frau zurück, die deine Krieger gestern entführt haben!«
»Aber sicher«, meint der Häuptling bereitwillig. »Macht zehn Dollar pro Dose.«

Hansmann gerät auf seiner Safari in ein abgelegenes afrikanisches Dorf. Dort wird er sofort zum Medizinmann geführt. Der fragt ihn nach seinem Impfpaß und untersucht ihn gründlich von Kopf bis Fuß.
»Ist ja großartig«, meint Hansmann. »Ich wußte wirklich nicht, daß Sie hier so eine ausgezeichnete medizinische Betreuung haben.«
»Betreuung?« fragt der Medizinmann. »Sie sind hier bei der Lebensmittelkontrolle.«

Es schwärmte der Kannibale:

»Das Zarteste, was ich je gegessen habe, war neulich dieser Politiker ohne Rückgrat!«

Ein Kannibale macht eine Flugreise.
Die Stewardeß fragt ihn: »Was darf ich Ihnen servieren?«
Meint der Kannibale: »Ach, Fräulein, bringen Sie mir doch bitte erst einmal die Passagierliste.«

*

An der Goldküste verputzt ein Kannibale einen Windsurfer und murmelt genießerisch:
»Hm, richtig nett serviert – so mit Frühstücksbrettchen und bunter Serviette!«

*

»Ein herrliches Tatar hast du da«, sagt die Kannibalenfrau zu ihrer Freundin. »Wie machst du das bloß?«
»Ganz einfach«, erklärt die Kannibalenfreundin. »Für Tatar nehme ich nur Manager. Die sind am schnellsten durchgedreht!«

PAPI, WARUM MÜSSEN WIR DEN WAGEN ÜBER DIE KLIPPEN SCHIEBEN?
PST – SONST WACHT MAMI AUF.

Zwei afrikanische Studenten sind wieder in ihre Heimat zurückgekehrt. Das wird natürlich von den Familien der beiden gefeiert. Ein gut durchwachsener Entwicklungshelfer ist der Hauptgang des Festmahls.
Da sagt der eine schmatzend zum anderen: »Das schmeckt doch wesentlich besser als der Fraß in der Mensa!«

*

Ein Missionar war in die Hände von Kannibalen gefallen. »Ihr wollt mich fressen«, sagte er. »Aber ich warne euch, ich bin ungenießbar.«
Er nahm sein Taschenmesser und säbelte ein Stück von seiner Wade ab, gab es dem Häuptling und forderte ihn auf, es zu probieren. Der Häuptling nahm einen Bissen und spuckte ihn sofort mit einer Grimasse wieder aus.
Der Missionar lebte noch vierzig Jahre unter den Wilden.
Er hatte ein Holzbein...

Es sagte der Missionar:

»Daß ihr mich hier in den Kochtopf gesteckt habt, das ist zumindest euer erstes Bekenntnis zur Religion!«

Der Zollbeamte am New Yorker Flughafen stellt fest, daß anstatt der neunköpfigen Delegation aus Afrika zwölf Personen angekommen sind.
Der Häuptling klärt ihn bereitwillig auf: »Drei sind Reiseproviant.«

Frau Holzner, jung und rundlich, macht einen Trip durch Afrika und kommt dabei auch durch ein Gebiet, das früher von Kannibalen bewohnt war. Der Koch der Reisegesellschaft entstammt, wie sie erfahren hat, ebenfalls einem Kannibalenstamm.
Wißbegierig unterhält sie sich mit ihm, denn er ist ein freundlicher, höflicher Mann.
»Vor meinen Stammesbrüdern brauchen Sie keine Angst zu haben«, erklärt er. »Sie werden niemals einer Safari-Gesellschaft etwas Böses antun.«
Erleichtert atmet Frau Holzner auf.
Da sagt er, indem er ihre rundliche Gestalt mustert: »Wenn Sie allerdings einen Unfall haben und dabei getötet werden sollten, würden sie nichts umkommen lassen.«

Es sagte der Verleger:

»Ein Kannibale hat jetzt ein wissenschaftliches Werk geschrieben.«
»So, wie heißt es denn?«
»Über den Nährwert der Europäer.«

Der Kannibalenvater redet seiner Tochter ins Gewissen. »Also, so geht es nicht weiter. Es wird wirklich höchste Zeit, daß du heiratest, ich schaue mich schon mal nach einem schmackhaften Schwiegersohn um!«

*

»Hast du wirklich so starke Bauchschmerzen?« fragt die Kannibalenfrau ihren Mann.
»Ja, schrecklich«, stöhnt der, »ich hätte vielleicht von dem Taucher die Schale nicht mitessen sollen!«

Die Ehefrau liest Zeitung.
»Stell dir vor, Alfons, hier steht, daß es in Afrika noch Menschenfresser gibt«, teilt sie ihrem Mann aufgeregt mit.
»Tatsächlich!« brummt dieser. »Und was tun sie dagegen?«
»Sie haben erst einmal eine Gruppe Missionare hingeschickt«, berichtet die Ehefrau.
»Na«, meint er skeptisch, »damit werden die auch nicht lange auskommen!«

Es sagte der Forschungsreisende:

»Auch Kannibalen sind heute umweltbewußt. Zum Beispiel ißt man keine Amerikaner mehr – wegen der vielen schädlichen Chemikalien, die sie enthalten.«

Der Mann im Reisebüro hat schwere Bedenken.
»Ich möchte gern eine Afrikareise in den Busch buchen. Aber nun höre ich, daß es dort noch Kannibalen geben soll. Was meinen Sie denn dazu?«
Rät der Reisebürospezialist: »Buchen Sie sicherheitshalber nur den Hinflug.«

*

Der Kannibalenkoch fragt den gefangenen Expeditionsteilnehmer: »Wie heißen Sie?«
Apathisch murmelt der Gefangene: »Das spielt doch für Sie keine Rolle...«
»Aber selbstverständlich, ich muß doch wissen, was ich auf die Speisekarte schreiben soll!«

Und dann war da noch der Kannibale, der eine Urne trug und dabei sang:
»Die Fünf-Minuten-Terrine ...«

*

Zwei Kannibalen führen einen weißen Forscher durch den südamerikanischen Urwald. Einer der beiden Indios, der sich von der Gruppe getrennt hat, um eine Spur zu verfolgen, taucht erst nach zwei Tagen wieder auf. Doch da ist sein Stammesgenosse allein – von dem Forscher ist nichts zu sehen.
»Wo ist der weiße Mann?« fragt der Indio drohend.
»Er ist weggerannt«, sagt der andere.
»Lüg nicht, du kaust ja noch!«

*

Der Kannibale ist ganz und gar nicht mit dem weißen Mann zufrieden, der da in seinem Kochtopf sitzt.
»Nicht so faul, Mann!« meckert er ihn an. »Sie müssen wassertreten, sonst brennen Sie mir noch an!«

*

Der Bischof ist empört. »Und warum haben Sie den Missionar verstümmelt?« fragt er den Kannibalenhäuptling.
Der Kannibalenhäuptling ist beleidigt. »Sie sagten doch, ich soll mir mal von ihm eine Scheibe abschneiden.«

*

Ein Kannibalenmann bringt von der Jagd eine Urne mit nach Hause.
»Was soll denn das schon wieder?« fragt seine Frau mißtrauisch.
»Das ist etwas sehr Gutes«, erklärt er ihr. »Nes-Mensch!«

Der Kannibalenvater geht mit dem Kannibalensohn auf Nahrungssuche. Am Flußufer treffen sie ein bildhübsches weißes Mädchen, das sich gerade ausgezogen hat, um ein wenig zu schwimmen.
»Na, endlich haben wir was«, sagt der Sohn.
Der Vater wiegt bedächtig den Kopf hin und her. »Ich will dir was sagen«, meint er schließlich, »ich schlage vor, daß wir die Kleine da für uns behalten und dafür die Mami fressen.«

*

Die Kannibalenmutter beschimpft ihren Sohn wegen seiner schlechten Manieren.
»Wie oft soll ich dir noch sagen, daß man nicht mit jemandem im Mund spricht!«

*

Ein Afrikaforscher ist zum Abendessen bei einem jungen Ehepaar eingeladen.
»Ich habe mehrere Jahre unter Menschenfressern gelebt«, erzählt er.
Meint die Hausfrau: »Ach, du lieber Himmel, da wird Ihnen aber unser Rinderbraten überhaupt nicht schmecken!«

Es sagte der Kannibale:

»Sie können wählen: Wollen Sie einen Platz in meinem Herzen oder in meinem Kochtopf?«

Zwei Kannibalen essen zu Mittag.
»Wirklich Spitze, die Suppe von deiner Frau!« lobt der eine ganz begeistert.
»Schon«, meint der andere, »aber ich werde sie trotzdem vermissen.«

BARNABAS!

MIT JEMANDEM IM MUND
SPRICHT MAN NICHT.

Zwei weiße Forscher werden im afrikanischen Urwald von Kannibalen gefangengenommen.
Als sie zitternd vor dem Häuptling stehen, sagt dieser freundlich lächelnd: »Sie denken doch hoffentlich nicht, daß Sie bei uns in den Kochtopf wandern. Schließlich sind wir ein zivilisiertes Volk und haben von Ihrem Land schon oft Entwicklungshilfe bekommen!« Als die beiden Forscher erleichtert aufatmen, setzt der Häuptling hinzu: »Bei uns wird nur noch gegrillt.«

*

Diese angeblich so zivilisierten Europäer sind auch nicht besser als ich! dachte der Kannibale, als er in der Zeitung las, daß es in Frankfurt schon wieder einen Menschenauflauf gegeben hatte...

*

Drei Männer sind im Speisewagen ins Gespräch geraten.
»Ich bin in einem Risikoklub«, erzählt der erste. »Einmal im Jahr werden nach einem feudalen Essen Pistolen verteilt, die wir uns an die Schläfe setzen müssen und abdrücken. Eine der Pistolen ist geladen.«
Der zweite berichtet: »Ich bin in einem Fallschirmspringerverein. Einmal im Jahr haben wir ein Sonderspringen, bei dem einer der Fallschirme nicht aufgeht.«
Der dritte hat auch etwas zu bieten. »Auch mein Klub feiert einmal im Jahr ganz groß in einem Pariser Luxusrestaurant. Das Essen wird ohne Hosen eingenommen. Danach führt man für jeden Teilnehmer eine nackte Negerin herein, die mit der französischen Liebe beginnt.«
»Und worin soll dabei das Risiko bestehen?« fragt verständnislos einer der beiden anderen.
»Eine der Negerinnen ist Kannibalin...«

Der Kannibalenhäuptling kommt zum Medizinmann und beklagt sich: »Ich habe unentwegt Kopfschmerzen!«
Der Medizinmann sieht ihm lange forschend in die Augen, dann meint er: »Großer Häuptling, du futterst in letzter Zeit zu viele Intellektuelle!«

Es fragte der Quizmaster:

»Was fressen Kannibalen, die Diät halten müssen? – Pygmäen.«

Der schwarze Koch hebt von Zeit zu Zeit den Deckel vom Kessel und sticht den Missionar, der lebendig geschmort wird, mit einer großen Gabel an.
»Hör schon auf damit«, mahnt der Medizinmann. »Schließlich ist es genug, wenn der Mann lebendig gesotten wird. Man braucht ihn doch nicht auch noch zu quälen.«
»Was heißt hier quälen?« fragt der Koch. »Siehst du nicht, daß er uns den ganzen Reis auffrißt?«

*

Zwei Kannibalen starren wie gebannt auf den Bildschirm. In einem Fernsehfilm wird ein nackter Mann auf einen Operationstisch gehoben. Drei Ärzte bemühen sich um ihn.
Meint der eine Kannibale erwartungsvoll: »Prima, jetzt bekommen wir gleich ein neues Kochrezept!«

*

Jammert ein Tourist im Kochtopf des Kannibalen: »Laß mich raus, ich hab' eine Frau und fünf Kinder zu ernähren!«
Der Kannibale erwidert völlig ungerührt: »Ich auch.«

Eine entzückende Blondine, die mit einem Flugzeug über dem afrikanischen Busch abgestürzt ist, wird zum Häuptling der Kannibalen gebracht.
Der Häuptling schaut sie sich an, leckt sich die Lippen und meint: »Ich glaube, ich werde mein Frühstück morgen im Bett einnehmen!«

Es stöhnte der Kannibale:

»Ach, ich habe die Menschen so satt!«

»Mir ist das Essen gar nicht bekommen«, stöhnt der Kannibalenhäuptling.
»Wieso nicht?« fragt seine Frau.
»Der Kerl muß Fahrstuhlführer gewesen sein. Er kommt mir immer wieder hoch.«

*

Ein Flugzeug muß in der Wildnis notlanden. Ein kleiner Kannibalenjunge läuft neugierig zu der Lichtung hinüber.
»Nicht so schnell!« ruft seine Mutter hinter ihm her. »Und denk dran, von Flugzeugen kann man nur das Innere essen!«

»Die Woche fängt ja gut an!«

oder

Wenn das Fallbeil quietscht

Der Verurteilte wird bei strömendem Regen zum Richtplatz geführt.
»Abscheuliches Wetter!« schimpft er.
»Sie haben gut reden«, meint der Henker. »Ich muß den ganzen Weg wieder zurücklaufen!«

*

Der Doktor in Sing-Sing macht seine übliche Morgenvisite. Er fragt durch die Klappe in der Tür der ersten Zelle: »Stuhl?«
»Heute normal«, bekommt er zur Antwort.
Er kommt zur zweiten Zelle. »Stuhl?«
»Gestern etwas dünn, Herr Doktor.«
Bei der dritten Zelle. »Stuhl?«
Antwortet der Zelleninsasse: »Morgen – elektrisch.«

*

Ein Tourist besucht ein amerikanisches Zuchthaus. Plötzlich hört er Schreie.
»Was hat denn das zu bedeuten?« erkundigt er sich.
»Oh, nichts weiter«, antwortet der Direktor. »Der Strom hat wieder einmal ausgesetzt. In solchen Fällen wird der zum Tod Verurteilte, der sich bereits auf dem elektrischen Stuhl befindet, mit brennenden Kerzen hingerichtet!«

*

Ein zum Tode Verurteilter wird morgens um fünf Uhr geweckt.
»Haben Sie noch einen Wunsch?« fragt ihn der Wärter.
»Ja«, erwidert der Todeskandidat leise. »Ich möchte gern eine Tasse Kaffee trinken.«
»Geht in Ordnung«, meint der Wärter freundlich. »Wieviel Zucker soll ich reintun?«
»Zucker? Sind Sie verrückt? Ich bin doch Diabetiker!«

Kurz vor der Hinrichtung wird der Verurteilte nach seinem letzten Wunsch gefragt.
Der Mann denkt kurz nach und verkündet dann: »Ich möchte mein Abitur nachmachen.«

*

Abschiedsvorstellung eines in Ehren ergrauten Scharfrichters. Würdig auf sein Schwert gestützt, wartet er darauf, daß der Delinquent seinen Kopf auf den Richtblock legt.
Der zum Tode Verurteilte tritt heran. Auf ein Zeichen wirbelt der Henker mit rasender Geschwindigkeit sein Schwert durch die Luft. Keiner der Anwesenden hat die Bewegung richtig verfolgen können. Dann stellt er sein Schwert lässig auf den Boden.
Der Verurteilte ist fassungslos. Schließlich schreit er los: »Nun machen Sie endlich! Ich kann die Spannung nicht mehr ertragen.«
Da sagt der Scharfrichter freundlich: »Nicken Sie mal.«

*

Nach Jahren treffen sich zwei Iren wieder.
»Und was ist aus Johnny geworden?« fragt der eine im Lauf des Gesprächs.
»Der hat Glück gehabt«, berichtet der andere. »Er sollte gehängt werden, da er aber frühzeitig im Gefängnis starb, hat er seinen Kopf gerettet.«

*

Der Henker wendet sich an den zum Tode Verurteilten und fragt: »Sind Sie sehr sehr sensibel, mein Herr?«
Der Verurteilte schüttelt stumm den Kopf.
Da lacht der Henker und erklärt zufrieden: »Dann ist es ja gut. Wissen Sie, das Fallbeil quietscht nämlich etwas.«

ICH BIN KRAFTSPORTLER
SEHR GUT, DANN MACH' ICH EINE SCHÖNE KRAFTBRÜHE.

»Die Woche fängt ja gut an!« meckerte der Verurteilte, als er an einem Montag zum Galgen geführt wurde...

Es fragte der Verurteilte:

»Herr Gefängnisdirektor, welches Datum haben wir heute?«
»Mann, nun hören Sie doch mit der ewigen Fragerei auf – ich sage Ihnen schon, wenn wir das Jahr neunzehnhundertneunundneunzig schreiben!«

Der Mörder soll hingerichtet werden.
Der Zuchthausdirektor kommt kurz vor der Vollstreckung zu dem Verbrecher.
»Sie wissen, daß Sie auf den elektrischen Stuhl müssen«, sagt er. »Geben Sie mir also bitte die Adresse Ihrer nächsten Angehörigen.«
»Sie brauchen niemanden zu verständigen«, knurrt der Todeskandidat.
»Es ist nicht wegen der Verständigung«, erklärt der Direktor, »sondern wegen der Stromrechnung.«

*

Vier Jahre hat der Verurteilte gegen das Todesurteil gekämpft, schließlich muß er doch auf den elektrischen Stuhl. Als letzten Wunsch hat er sich ausgebeten, einer Hellseherin zu schreiben.
Kurz vor seinem letzten Gang kommt ihr Antwortbrief. Die Worte verschwimmen vor seinen Augen, endlich kann er klar sehen, dann liest er die Zeilen völlig fassungslos immer wieder. *Benutzen Sie in der nächsten Zeit keinen Stuhl, den man Ihnen anbietet. So merkwürdig es auch klingen mag, ein entsetzliches Erlebnis ist damit verbunden.*

Der arme Sünder wird zur Richtstätte geführt.
»Haben Sie noch einen Wunsch?« fragt der Wärter. »Vielleicht noch eine letzte Zigarette?«
»Nein, danke«, bedauert der Mann, »mein Arzt hat mir das Rauchen verboten.«

*

Der Massenmörder wird zum elektrischen Stuhl geführt. Der Mann, der den berüchtigten roten Knopf bedienen muß, gesteht ihm: »Ich will es ganz sicher so gut wie möglich machen. Aber ich muß dir doch sagen, daß ich noch keinen vom Leben zum Tod befördert habe.«
»Macht nichts«, tröstet der Todeskandidat, »ich muß dir gestehen, ich habe so etwas bisher auch noch nicht mitgemacht. Da muß eben jeder tun, was er kann; gemeinsam werden wir die Sache schon schaukeln.«

*

Im alten China fragte ein Chinese, der geköpft werden sollte, den Henker: »Sag an, erlauchter Schwertschwinger, muß ich in dem Augenblick, da du die Güte hast zuzuschlagen, den Kopf auf die rechte oder auf die linke Seite legen?«
»Mein Pech«, knurrte der Henker, »immer habe ich es mit lausigen Anfängern zu tun!«

*

Der Angeklagte ist zum Tode verurteilt worden.
»Aber für so einen einfachen Totschlag kann man mich doch nicht hinrichten«, sagt er in der Zelle ganz verzweifelt zu seinem Verteidiger. »Was sollen wir denn jetzt bloß machen?«
»Wissen Sie was«, meint der Verteidiger, »lassen Sie sich köpfen, dann haben Sie das Problem am schnellsten vom Hals.«

»Ich kann keinen mehr hängen sehen«, sagte der Scharfrichter und trennte sich von seinem Beruf.
»Ich auch nicht«, sagte seine Frau und trennte sich von ihrem Mann.

*

Drei Pferdediebe werden in Texas auf frischer Tat ertappt. Die Menge brüllt nach Lynchjustiz. Der Henker wird aus der Bar geholt. Er ist sternhagelvoll.
Der Ast für den Strick ragt über das Steilufer eines Flusses hinweg. Der Henker in seinem Suff macht die Schlinge viel zu weit. Der erste Delinquent wird zum Strick hingestoßen und hinein in die Schlinge. Prompt rutscht er aus der Schlinge wieder heraus, fällt in den Fluß und rettet sich, indem er schnell losschwimmt.
Das gleiche passiert bei dem zweiten Pferdedieb. Auch er kann entwischen.
Da wendet sich der dritte an den Henker. »Mann, mach bloß keinen Scheiß«, sagt er drohend. »Geh erst einmal in die Bar rüber und trink einen Kaffee, und dann ziehst du die Schlinge gefälligst enger. Ich kann nämlich nicht schwimmen.«

*

Ein Gefangenenwärter betritt die Todeszelle von Sing-Sing. Er wendet sich an den Todeskandidaten und sagt höflich: »Ich möchte Sie um etwas bitten.«
Mißtrauisch wegen des ungewohnt freundlichen Tones, fragt der Verurteilte zurück: »Um was wollen Sie mich bitten?«
»Sie wissen doch, daß Sie vor der Hinrichtung morgen einen letzten Wunsch äußern dürfen?« sagt der Wärter.
»Ja«, bestätigt der Gefangene. »Und?«
Sagt der Wärter: »Bitte wünschen Sie sich, daß mein Gehalt erhöht wird.«

MAN SOLLTE SEINEN MITMENSCHEN GEGENÜBER SCHON MAL EIN AUGE ZUDRÜCKEN.
LOGISCH! SCHON WEIL MAN BESSER ZIELEN KANN.

Am Tag der angesetzten Enthauptung erscheint bei dem Verurteilten der Anstaltsfriseur und fragt, ob er ihm die Haare schneiden soll.
»Aber wozu das denn?« antwortet der Mann erstaunt. »Ich investiere doch nicht in einen Kopf, der mir nicht mehr gehört.«

*

Zwei Snobs gehen am Tag ihrer Hinrichtung auf den Scharfrichter zu. Flüstert der eine dem anderen zu: »Haben Sie eine Ahnung, was man dem Mann gibt?«

*

»Haben Sie noch einen letzten Wunsch, mein Freund?« fragt der Zuchthausdirektor einen Sträfling, der bereits auf dem elektrischen Stuhl angeschnallt ist.
»Ja, Chef«, erwidert der Mann, »wenn Sie jetzt bitte meine Hand halten würden...«

*

Ein zum Tode Verurteilter wird zur Exekution geführt. Fragt ihn der Priester: »Soll ich Ihnen das Wort Gottes zum Trost verkünden?«
»Nicht mehr nötig«, meint der Delinquent, »in ein paar Minuten rede ich mit Ihrem Chef persönlich.«

*

Der Gefängniswärter fragt den zum Tode Verurteilten, wie er sich die Henkersmahlzeit wünsche. Der Todeskandidat hat sehr genaue Vorstellungen in bezug auf sein letztes Mahl. »Ein Dutzend Austern, Hummer, gebratener Fasan, ein Steak, eine Portion Gorgonzola und eine Eisbombe! Von diesem Essen habe ich immer geträumt. Hoffentlich kommt mir keine Begnadigung dazwischen.«

»Nehmen Sie einen Holzsarg, der ist viel gesünder!«

oder

Hin ist hin, und tot ist tot

Angermaier kommt von der Beerdigung seiner Schwiegermutter nach Hause. Als er die Haustür aufschließt, fällt ein Dachziegel herunter und streift Angermaier am Kopf. Als er wieder zu sich kommt, brummt er: »Sie scheint schon oben zu sein.«

Es stand in der Werbebroschüre:

Profitieren Sie von unserem neuen Beerdigungsservice mit bequemen Ratenzahlungen. Bezahlen Sie jetzt – sterben Sie später...

»Sag mal, Großmutter, was ist eigentlich ein Geliebter?« will die kleine Enkelin wissen.
Daraufhin ruft die Großmutter ganz entsetzt aus: »Mein Gott, da fällt mir etwas ein!« Sie stürzt zu einem schweren Eichenschrank, schließt die Tür auf – und heraus fällt ein Gerippe.

*

Der Krematoriumsdiener ruft verzweifelt den Direktor an. »Herr Direktor, ich habe solche Schwierigkeiten mit einem Liliputaner, der heute verbrannt werden soll. Der Mann ist mir jetzt schon zum drittenmal durch den Rost gefallen.«
»Schicken Sie ihn her«, ordnet der Direktor an. »Ich rauche ihn dann in der Pfeife.«

*

Seit zwei Tagen liegt der Großvater schon ohne Bewußtsein in seinem Bett. Man holt den Priester, damit er ihm die Letzte Ölung gibt.
Da schlägt der Großvater plötzlich die Augen auf und sagt: »Um Gottes willen, nur jetzt nichts Fettiges!«

Die trauernde Witwe stellt in der Aufbahrungshalle entsetzt fest, daß man ihren Gatten ganz in Weiß gekleidet hat. Sie besticht den Krematoriumsangestellten mit einem Hunderter und wünscht eine entsprechende Bekleidung für den Toten.
Der Mann fährt sofort mit der Leiche aus dem Saal und ist ebenso rasch wieder zurück. Der Tote ist nun in einen eleganten schwarzen Anzug gekleidet.
Erstaunt fragt die Witwe: »Wie haben Sie das bloß so schnell bewerkstelligen können?«
»Wissen Sie, gnädige Frau«, meint der Krematoriumsangestellte seelenruhig, »für einen Hunderter werden nur die Köpfe gewechselt.«

*

Am Frühstückstisch. Während Abelein noch an seinem Brötchen knabbert, liest seine Frau schon die Zeitung.
»Oh, mein Gott«, entfährt es ihr plötzlich, »dein Freund Friedrich ist gestorben.«
»Unmöglich!« protestiert Abelein. »Wir sind doch für heute abend zum Skat verabredet.«
»Nein, nein«, beharrt sie. »Hier in der Sterbeanzeige steht ausdrücklich: *Statt Karten.*«

*

Das Ehepaar eilt durch das Gewitter nach Hause. Er ist schon einige Schritte voraus, da schlägt genau vor ihr ein Blitz ein.
Er schaut nach oben und sagt: »Na, na!«
Ein wenig später schlägt wieder ein Blitz ein, diesmal genau zwischen den beiden.
Er wieder nach oben: »Na, na!«
Ein dritter Blitz trifft die Ehefrau genau.
Er blickt wieder nach oben. »Na also!«

JA, MEINE SCHWIEGERMUTTER, DIE GUTE, GLAUBTE BIS ZUM SCHLUSS, ICH WÜRDE SIE FOTOGRAFIEREN.

Die Hausbesitzerin hat einen neuen Mieter. Nachdem sie ihm alles gezeigt hat, sagt sie: »Ihr Vorgänger war Chemiker. Er hat in dieser Wohnung immer experimentiert.«
»Aha – dann sind die Flecken da oben an der Decke also Chemikalien?« folgert der neue Mieter.
Erklärt die Hausbesitzerin kopfschüttelnd: »Nein – das ist der Chemiker.«

*

Wimmers Schwiegermutter ist dahingegangen. Der Mann vom Bestattungsinstitut fragt nach den Wünschen für die Beisetzung.
»Normales Begräbnis oder Einäscherung?«
»Beides!« erklärt Wimmer sofort. »Ich muß sichergehen.«

*

Ein Mann geht über den Friedhof und sieht sich die Gräber an. Auf einem der Grabsteine liest er: *Hier ruht Karl Schulze, ein guter Vater und ein frommer Mann.*
»Wie die Schotten«, murmelt er entrüstet, »gleich drei in einem Grab.«

*

Als die Ehefrau gestorben ist, läßt sich ihr Mann die Asche in eine Urne füllen. In eine wunderschöne Urne, die auf dem Kamin steht. Eines Tages streift er aus Versehen seine Zigarettenasche darin ab. Das tut er noch ein paarmal. Schließlich wird es zur Gewohnheit, und die Urne wird immer voller.
Als eines Tages Besuch kommt, bleibt der Gast überrascht vor der Urne stehen.
»Sag mal«, fragt er dann den Hausherrn, »deine Frau nimmt aber ganz schön zu, was?«

»Sie haben also keine Eltern mehr, junger Mann?«
»Nein, sie wurden vom Traktor überfahren.«
»Und Geschwister?«
»Nein, auch vom Traktor überfahren.«
»Gar keine Verwandten oder Bekannten?«
»Nein, alle vom Traktor überfahren.«
»Ja, sagen Sie, was machen Sie denn so allein?«
»Traktor fahren...«

*

Voller Stolz erzählt Bruckner seinem Nachbarn: »Mein Bruder hat an seinem Arbeitsplatz tausend Leute unter sich.«
»Ach, tatsächlich?«
»Ja, er ist Friedhofsgärtner.«

Es sagte der Jogger:

»Wenn ich mal sterbe, dann möchte ich eingeäschert werden und in der Sanduhr weiterlaufen.«

Abfahrtsrennen in Österreich. Kurz vor Beginn geht eine riesige Lawine ab und begräbt das gesamte Starterfeld unter sich. Am nächsten Tag kommt die Witwe eines Rennläufers in die Dorfturnhalle, um unter den Toten ihren Mann zu identifizieren.
Als der erste Sarg geöffnet wird, schluchzt sie leise: »Nein.« Auch beim zweiten Sarg schüttelt sie den Kopf.
Der Deckel des dritten wird abgehoben.
Da lächelt sie. »Ja, das ist er. Gott sei Dank unter den ersten drei.«

»Guten Tag, gnädige Frau«, sagt der Beerdigungsunternehmer. »Kann ich etwas für Sie tun?«
»Danke, heute noch nicht«, erwidert die Dame. »Mein Mann liegt noch im Krankenhaus. Ich möchte mich nur einmal informationshalber unter den Särgen umsehen.«

Es sagte der Stammtischbruder:

»Habt ihr schon gehört? Hugo hat das Rauchen endgültig aufgegeben.«
»Wer's glaubt, wird selig!«
»Doch, es ist wahr! Er hat seine letzte Zigarette an einer Tanksäule ausgedrückt.«

New York. Hudson-Brücke zur Mittagszeit. Ein Mann ist gerade dabei, in aller Ruhe über das Geländer zu steigen, offensichtlich mit der Absicht, in den Hudson zu springen.
»Hallo, Boy!« Zwei Polizisten können ihn gerade noch zurückreißen und fragen: »Verrückt geworden?«
Da erzählt der Mann ihnen seine Geschichte.
Werbefachmann von Format. Aber seine Firma hat Pleite gemacht.
Und er ist schon über vierzig. Über vierzig ist man draußen, abgehalftert – also: ade, du schöne undankbare Welt und hinab in den Hudson.
Die Polizisten reden auf ihn ein. Eine Minute, zwei Minuten, in der dritten und vierten diskutieren sie zu dritt, ab der fünften Minute redet der potentielle Selbstmörder nur noch ganz allein auf die Polizisten ein – in der zehnten Minute springen sie zu dritt, Arm in Arm, in den Hudson...

Hansmann hat Neuigkeiten für seinen Kollegen im Büro. »Stell dir vor«, sagt er, noch immer ganz fassungslos, »meine Schwiegermutter ist gestern in der Badewanne eingeschlafen, ohne das Wasser abzustellen.«
»Ist die Wanne übergelaufen?« erkundigt sich der Kollege, nicht sehr beeindruckt.
»Nein – sie schläft mit offenem Mund...«

*

»Können Sie mir erklären, Angeklagter«, fragt der Richter den Mann, der vor ihm steht, »warum Sie Ihre Frau mit Pfeil und Bogen erschossen haben?«
»Das mußte ich doch tun, Herr Richter«, erwidert der Angeklagte. »Die Kinder schliefen im Nebenzimmer, und ein Schuß hätte sie doch geweckt!«

*

In einem Dorf wird eine Frau beerdigt, die durch den Tritt eines Pferdes ums Leben gekommen ist. Die Trauergäste drücken dem Witwer die Hand, und einige sagen ihm leise etwas ins Ohr.
»Waren es Worte des Trostes, die man dir zugeflüstert hat?« fragt der Bruder des Witwers.
»Nicht nur«, antwortet der Witwer, »die Männer wollten wissen, wann ich ihnen das Pferd leihen könnte.«

*

Ein Arzt geht nachts über den Friedhof.
Da ertönt hinter ihm eine klagende Stimme: »Doktooor! Doktooor!«
Dem Arzt ist der Schrecken in die Glieder gefahren. Zitternd wendet er sich um und lauscht der Stimme, die dumpf heraufdröhnt.
»Doktooor! Haben Sie nichts gegen Würmer?«

Die junge Witwe kommt zum Bestattungsunternehmer und jammert: »Mein Mann wollte so gern ein Seemannsgrab, aber mir stehen nur tausend Mark zur Verfügung!«
»Macht nichts«, erklärt der Bestattungsunternehmer, »für den Betrag spülen wir ihn in der Toilette runter, allerdings ohne Musik!«

*

Ein Cowboy kommt in einen Saloon. Über einem alten Klavier hängt ein Schild mit der Aufschrift *Schießen Sie nicht auf den Pianisten, er ist taub.*
Da der Schemel vor dem Klavier leer ist, fragt der Cowboy den Barkeeper, wo denn der Pianist sei.
Der Barkeeper zuckt traurig mit den Schultern und sagt: »Ja, wissen Sie, wir hatten gestern einen Gast, der konnte nicht lesen.«

*

Der Spieß läßt die Kompanie antreten. Nach dem Kommando »Stillgestanden« ruft er: »Huber, vortreten! Erfahre soeben, daß Ihre Mutter gestorben ist. – Wegtreten!«
Das rüde Verfahren trägt dem Spieß den Vorwurf ein, er habe gegen die Prinzipien der Inneren Führung verstoßen.
Der Gescholtene gelobt Besserung.
Nach zwei Monaten kommt ein Telegramm, wonach die Mutter des Gefreiten Schmidt gestorben ist.
Der Spieß läßt die Kompanie antreten und ruft nach dem Kommando »Stillgestanden«: »Alle, die noch eine Mutter haben, vortreten!«
Als auch Schmidt vortritt, hebt der Spieß abwehrend die Hand. »Na, na, Schmidt, mal nicht so voreilig!«

…UND WARUM HABEN SIE IHRE FRAU MIT PFEIL UND BOGEN GETÖTET?
NUN JA – DIE KINDER SCHLIEFEN UND ICH WOLLTE, DASS SIE NICHT WACH WERDEN.

Endlich liegt die Ehefrau in den allerletzten Zügen. Mit leiser Stimme sagt sie zu ihrem Gatten: »Erwin, ein einziges Glas Wein möchte ich noch trinken!«
Der Ehemann macht ein strenges Gesicht. »Jetzt wird nicht Wein getrunken. Jetzt wird gestorben!«

Es stand in der Zeitung:

Ein Beerdigungsinstitut in Aberdeen bot wegen Geschäftsaufgabe zehn Särge zu stark herabgesetzten Preisen an. Am selben Tag verübten zwanzig Schotten Selbstmord.

Ein trauernder Hinterbliebener kommt in ein Bestattungsinstitut und sieht sich die dort ausgestellten Särge an. Da er sich nicht entscheiden kann, fragt er schließlich, welchen Sarg man ihm empfehlen könne.
»Ein Zinksarg hält länger«, klärt ihn der Mann vom Bestattungsinstitut auf, »aber nehmen Sie lieber einen Holzsarg, der ist gesünder.«

*

Im Waffengeschäft. Eine Kundin, die vor zwei Tagen eine Pistole gekauft hat, kommt herein und sagt unter Tränen: »Etwas Furchtbares ist passiert! Mein Mann ist unter einen Lastwagen gekommen – und ist tot.«
»Mein Beileid«, erwidert der Verkäufer, »aber was kann ich für Sie tun?«
Da bittet sie: »Nehmen Sie doch bitte diese Pistole zurück!«

*

Die letzten Worte des Architekten: »Da fällt mir gerade etwas ein...«

Die Trauergemeinde bewegt sich langsam hinter dem Sarg her zu dem ausgehobenen Grab.
Einer der Trauergäste fragt: »Sie waren ja auch dabei, als die Frau Huber gestorben ist. Ist es wahr, daß sie zum Schluß zweimal tief aufgeatmet hat?«
»Nein, nur einmal«, stellt der Gefragte richtig. »Der das zweite Mal tief aufgeatmet hat, das war ihr Mann.«

Es fragte Herr Meier:

»Wie geht denn Ihr Bestattungsunternehmen?«
»Ach, so là-là! Wir hatten uns eigentlich mehr versprochen bei der schlimmen Epidemie der letzten Wochen.«

Der Totengräber kommt nach Hause. Ermattet sinkt er in den Sessel.
»Frieder«, sagt seine Frau, »hast du heute so viel zu tun gehabt?«
»Nein, nur eine Leiche«, erwidert er.
»Und wovon bist du dann so erschöpft?«
»Wir haben eine Erbtante beerdigt«, berichtet der Totengräber, »und dabei haben wir so viel Beifall bekommen, daß wir den Sarg dreißigmal hochziehen mußten.«

*

Eine Dame kommt in Trauerkleidung in die Buchhandlung. In der Hand hält sie das Buch »Die Pilze unserer Heimat«.
Der Buchhändler drückt ihr ergriffen die Hand.
»Herzliches Beileid, gnädige Frau«, sagt er. »Der Verlag hat den Druckfehler inzwischen korrigiert.«

Die trauernde Witwe kommt ins Beerdigungsinstitut. »Was kosten denn die Totenhemden?« will sie wissen.
»Dieses hier dreißig Mark und das dort neunzig Mark.«
»Warum ist denn das so teuer?«
»Das Hemd ist bügelfrei.«

Es meldete die Lokalpresse:

Alfons Wagner entzündete ein Streichholz, um nachzusehen, ob noch Benzin in seinem Tank sei. Benzin war vorhanden. Alter: siebenunddreißig Jahre.

»Ich habe gehört, daß Sie schon dreimal Witwer geworden sind. Wie war das denn möglich?«
»Meine erste Frau ist an Pilzvergiftung gestorben.«
»Schrecklich. Und die zweite?«
»Auch an Pilzvergiftung.«
»Das ist ja wirklich seltsam. Ist die dritte vielleicht auch an Pilzvergiftung gestorben?«
»Nein, an einem Schädelbruch.«
»Wieso denn das?«
»Sie wollte die Pilze nicht essen.«

*

Der Bestattungsbeamte soll der Witwe die Urne mit der Asche ihres Mannes bringen. Unterwegs stolpert der Mann, die Asche fällt raus und wird vom Wind in alle Richtungen geblasen.
In seiner Not nimmt der Mann etwas Asche aus einem Mülleimer, der zufällig in der Nähe steht, und bringt dies der Witwe. Als die Witwe die Urne öffnet, murmelt sie vor sich hin: »Ach das ist nun alles, was von meinem lieben Mann übriggeblieben ist. Ein Häufchen Asche und die Eierschalen.«

Vor der Verwandtschaft gebärdet sich der Hinterbliebene wie von Sinnen.
»Meine geliebte Frau!« schreit er. »Warum läßt du mich allein? Ich kann nicht leben ohne dich. Herr, erfülle mir eine Bitte, laß sie wiederkommen!«
In diesem Augenblick rührt sich am Fuß des Grabes, in das der Sarg soeben versenkt wurde, ein Maulwurf.
Erschreckt bleibt der Wehklagende stehen, tritt verstohlen mit dem Fuß auf die sich bewegende Erde und zischt: »Ein bißchen übertreiben wird man ja wohl noch dürfen, oder?«

Es sagte der Freund:

»In deinem Roman kommen ja gleich drei Morde vor.«
»Ja, ich wollte ein bißchen Leben in die Handlung bringen.«

In einem kleinen Dorf liegt ein Bauer im Sterben. In seinen letzten Minuten bittet er seine Frau, sich noch einmal so schön zu kleiden wie zur Brautzeit.
Gechmeichelt tut sie es. Dann setzt sie sich an sein Bett, streichelt seine Hand und fragt, wie er zu dieser seltsamen Bitte käme.
»Woaßt«, sagt er unter Stöhnen, »wann d'Tür aufgeht und da Tod kimmt eina, vielleicht gfallst du ihm besser.«

*

Ein Postmechaniker repariert in zehn Meter Höhe einen Telegrafenmast.
Da ruft der Meister von unten rauf: »Herbert, wenn der Trauerzug vom Bürgermeister vorbeikommt, rutschst du auf halbmast, klar?«

Frau Eichhofer ist gestorben. Pflichtgemäß begibt sich ihr Schwiegersohn zu einem Bestattungsunternehmen.
»Was für Särge haben Sie denn vorrätig?« fragt er.
»Ich habe hier einen Eichensarg, der kostet fünfzehnhundert Mark«, sagt der Mann im Bestattungsinstitut.
»Zu teuer«, erwidert der Schwiegersohn.
»Und dann haben wir noch einen Tannensarg, der kostet tausend Mark.«
»Zu teuer.«
»Weiter haben wir einen Fichtensarg, der kostet achthundert Mark.«
»Das ist mir auch zu teuer.«
»Dann habe ich einen anderen Ausweg für Sie«, sagt der Bestattungsunternehmer nach dem sechsten Angebot.
»Welchen?«
»Bringen Sie die Leiche Ihrer Frau Schwiegermutter vorbei, dann schraube ich ihr ein paar Griffe an.«

*

Lehmann weigert sich, zur Beerdigung der vierten Frau seines Kollegen zu gehen.
»Das kannst du nicht machen!« wendet seine Frau ein. »Du warst beim Begräbnis seiner ersten drei Frauen doch auch dabei.«
»Stimmt, das ist es ja«, sagt Lehmann, »aber allmählich wird es mir peinlich, daß ich keine Gegeneinladung aussprechen kann.«

*

Die Karten haben gesprochen. Die Wahrsagerin verkündet: »Nächste Woche werden Sie mit Blumen und Lobreden überschüttet.«
Der Mann ist freudig überrascht. »Und wie komme ich zu der Ehre?« will er wissen.
Sie schaut ihm tief in die Augen. »Nun, das gehört nun mal zu einer gepflegten Beerdigung.«

WAS DARF'S DENN SEIN, GNÄDIGE FRAU? WOLLEN WIR DEN WERTEN GEMAHL BEGRABEN ODER EINÄSCHERN?
ICH GLAUB', ICH NEHM' BEIDES, DAS IST SICHERER.

Der Geschäftsmann liegt im Sterben. Seine Frau sitzt an seinem Bett.
Noch einmal rafft er sich auf. »Du sollst alles erfahren, Liebes«, stöhnt er. »Ich habe den Schmuck, den ich als gestohlen gemeldet habe, selbst verkauft. Ich war der Geliebte deiner Schwester. Ich habe unser Dienstmädchen im Bett gehabt. Das bin alles ich gewesen.«
»Tröste dich, mein Lieber«, sagt seine Frau, »ich muß dir auch etwas gestehen: Das Arsen in der Suppe – das war ich.«

Es antwortete der Briefkastenonkel:

»Doch, doch, liebe Angelika, Sie dürfen ruhig Urlaub machen, auch wenn Sie momentan in Trauer sind. Ich schlage Ihnen unter diesen Umständen das Schwarze Meer vor.«

Zwei Angestellte eines Beerdigungsinstituts unterhalten sich.
»Du, sag mal«, wendet sich der eine an den anderen. »Wir haben doch gestern eine Beerdigung gehabt. Da ist mir aufgefallen, daß der Sarg der Frau, die wir beerdigt haben, irrsinnig leicht war. Den hätte man ja mit einer Hand tragen können.«
»Reg dich nicht auf«, erwidert der andere. »Kaum war der Sarg unter der Erde und das Grab zugeschaufelt, da kam der Mann und erklärte, er habe vergessen, seine Frau aus der Kühltruhe zu nehmen.«

Drei Männer in Schwarz kommen ins Beerdigungsinstitut.
»Guten Tag, haben Sie auch runde Särge?« will einer von ihnen wissen.
Der Angestellte betrachtet das Trio voller Mißtrauen. »Rund? Wollen Sie mich auf den Arm nehmen?«
»Aber nein«, beeilt sich der zweite zu versichern. »Wir kommen vom Zirkus und schaffen es nicht, unseren während der Vorstellung gestorbenen Schlangenmenschen wieder zu entknoten!«

Knaur®

Rau, Christine
Zunge raus, wir sind belegt
Das Geschenkbuch für Genesende.
Ein Trostbuch für alle, die dringender Aufmunterung bedürfen. 80 S. [2168]

Bikinis und Dauerwellen
Das unverzichtbare Reisebrevier.
Dieses Buch macht jedem klar, wie schön der eigene Urlaub tatsächlich war, wenn er diese Situationen nicht erlebt hat.
96 S. [2169]

Riskin, Martin
Kissenschlachten und andere Bettspiele
Dieses Buch enthält eine Fülle von neuen Anregungen für einen abwechslungsreichen Aufenthalt in eigenen und fremden Betten. 96 S. [2172]

Quillin, Viv
Sie hat die Hosen an – wer trägt die Schürze?
Ein witziges Kaleidoskop des (Über-)Lebens in modernen Familien, in denen nicht mehr die klassische Rollenverteilung praktiziert wird!
160 S. mit Abb. [2717]

Alterman, Ira
Die Kunst des Aufreißens
Anmachen und abschleppen. 96 S. [2161]

Das Quickie-Handbuch
für den Sekunden-Liebhaber.
96 S. mit Illustrationen von Martin Riskin. [2147]

Sexhandbuch für Leute über 30
Alles, was Sie für Ihren zweiten, dritten, vierten … Frühling unbedingt wissen sollten. 96 S. [2136]

Rauch, Hans Georg
Heitere Cartoons
Schmunzelnd gesehen und beschwingt gezeichnet, so zeigt uns Hans Georg Rauch den Situationswitz. 128 S. mit 120 Cartoons. [746]

Reiser, Jean Marc
Vive les femmes!
Jean Marc Reiser nimmt sich der alltäglichen Probleme an, mit denen die moderne Frau von heute mehr oder weniger zu kämpfen hat. 112 S. [2173]

Von Lust und Liebe
In Frankreich bereits ein Klassiker des modernen Cartoons … 112 S. [2174]

HUMOR

Barker, Clive
Spiel des Verderbens
Als Marty Strauss auf Bewährung aus dem Gefängnis entlassen und Leibwächter eines der reichsten Männer Europas wird, beginnt er wieder an sein Glück zu glauben. Doch Schrecken liegt in der Luft: Schatten der Vergangenheit erstehen auf, die Toten kommen zurück... 510 S. [1800]

Biederstadt, Lynn
Der dunkle Kreis
Sechs Personen beschreiten einen Pfad, der sie an die Grenzen ihres Verstandes treibt... 400 S. [1811]
Schlaf
Schlaf: Ruhe und Erholung? Matt Wicker, der erfolgreiche Fotojournalist, weiß es besser: im Schlaf begegnet er seinem schlimmsten Feind – und grauenhafte Schrecken warten auf ihn...
352 S. [1801]

Campbell, Ramsey
Besessen
Vier Teenager füllen Formulare aus, mit deren Hilfe sie das bekommen können, was sie am dringendsten brauchen. Ihre Wünsche werden erfüllt, doch Schrecken und Angst sind die Folge. Noch nach mehr als zwanzig Jahren können sie die Ereignisse nicht vergessen...
352 S. [1808]
Hungriger Mond
Als Diana Kramer nach Mondwell in Nord-England kommt, ist es nur ein verschlafenes Moorstädtchen. Doch ein fanatischer Prediger teilt den Ort in zwei Lager. Und der böse Mondgott der Druiden wartet in seinem Kellergefängnis darauf, Rache an den Menschen zu üben.
416 S. [1802]

Henstell, Diana
Das unheimliche Wunderkind
Paul »Piggy« Conway ist ein naturwissenschaftliches Wunderkind. Schon mit 13 Jahren baut er sich einen Roboter, der für ihn zum Freund wird. Doch dann geschehen merkwürdige Dinge... Ein Lesehorror – Gänsehaut inbegriffen! 416 S. [1807]

Laws, Stephen
Angst
Der Universitätsdozent Richard und seine Freunde werden von einer unheimlichen Macht bedroht. Drei von ihnen verlieren auf grauenhafte Weise ihr Leben. Welches geheimnisvolle Ereignis aus ihrer Vergangenheit stellt ihnen nach? Ca. 288 S. [1806]

HORROR